JN091437

ビジネス基礎

—小売業と物流業を中心に—

美藤信也 著

時 潮 社

序

　現在の商業は、消費者ニーズの変化と多様化、グローバル化、規制緩和および情報化等が進展するなかで、大きく変化している。たとえば、小売業では、有店舗小売業からさらに無店舗小売業のニーズが拡大している。無店舗小売業のなかでも、通信販売業、特にインターネットを活用した販売が拡大している。

　また製造業が商品開発をするナショナル・ブランドの商品からさらに、小売業等が展開するプライベート・ブランド商品が台頭し、市場競争が繰り広げられている。一方物流業では、製造業や流通業のビジネス・モデルが、ロジスティクスやロジスティクスを高度化したサプライチェーンマネジメントへと変化しているなかで、それに対応する物流業として、キャリア、フォワーダー、インテグレーターからさらにサードパーティ・ロジスティクスへと物流業の業態も高度化している。

　本書は、上記の変化や内容を踏まえたなかで、商学の基礎やビジネスの基礎を学ぶ方々に少しでも役に立てればという思いで書いたテキストである。

　第1章では、商学を学ぶための基本的な視点を解説している。具体的には、商業のルーツは、いかなるものか。流通とは何か。商業と流通の関係性および商業者の意義等を含んだ商学を学ぶための必

要不可欠なコンセプトを解説している。

　第2章から第5章までは、商学のなかでも小売業にスポットを当てている。特に第2章では、小売業の定義、役割および業種と業態等の小売業を学ぶための基本的な事柄を学ぶ。その後に、現在の日本の小売業の構造や動向を説明している。

　第3章では、消費者と商業の関係を解説している。現在の日本の人口構造の変化を説明した後に、小売業と消費者行動の関係を示す小売りミックスを説明している。

　第4章では、小売業のなかでもさまざまな業態が展開されていることを踏まえたうえで、小売業の業態を代表する百貨店、スーパーマーケットおよびコンビニエンスストアの詳細について説明している。

　第5章では、小売業をいかに拡大させるかという、いわゆる多店舗展開について学ぶ。具体的には、チェーンストアとは何か。チェーンストアの歴史から、さらにチェーンストアの類型や商業集積等を解説している。

　第6章では、商学のなかでも卸売業に焦点を当てている。卸売業の定義、構造、機能および形態等について説明している。最後に、現在および今後の卸売業の経営的視点を見ていく。

　第7章から第9章までは、商学のなかでも物流にスポットを当てている。第7章では、物流の基礎を解説している。物流とは何かを踏まえたうえで、物流の機能を中心に説明している。さらに、物流の新たな取り組みと視点として、共同物流についても言及している。

　第8章では、物流を高度化した概念であるロジスティクスの基礎にスポットを当てる。ロジスティクスの語源と由来から、ロジスティクスとは何かを解説している。さらに、ロジスティクスの構造・

対象・目的および成果を踏まえつつ、、物流とロジスティクスの相違も説明している。

第9章では、物流のなかでも物流業に焦点を当てる。小売業と同様、物流業のなかでもさまざまな業態が展開されていることを踏まえたうえで、物流業の業態を代表するキャリア、フォワーダー、インテグレーター、サードパーティ・ロジスティクスの詳細について、説明している。

第10章では、小売業のなかでも注目されている無店舗小売業について、解説している。無店舗小売業のなかでも、通信販売業、特にインターネットを活用した販売であるeコマース（電子商取引）をさらに見ていく。eコマース（電子商取引）の種類やeコマース（電子商取引）に関わる新たな展開となるオムニチャネルも言及している。

第11章では、小売業等で数多く展開されているプライベート・ブランドについて、説明している。プライベート・ブランドとは何か。なぜ、小売業等でプライベート・ブランドが展開されるのかについて、解説している。

最後に、本書の執筆に当たり、常日頃から筆者の研究生活でご指導をいただいている高崎商科大学学長渕上勇次郎先生、吉岡秀輝先生、金弘錫先生にこの場をかりて深く感謝申し上げます。

本書の出版に際し、格別の御配慮およびご快諾をいただいた有限会社時潮社の相良景行社長に対し、心より厚くお礼を申し上げます。

　2020年3月

美 藤 信 也

目　　次

第1章　商学の視点と展開

１．商業の始まり

　商学は、どのように発展し、現在に至っているのか。まずは、商（あきない）を研究するルーツを学んでいこう。

　昔人類は、自然のなかで動物を狩猟したり、植物を採集して生きていた。その時代の人類は、定住するのではなく移住をしながら、自然のなかの動物を狩猟したり、植物を採集して生活をしていた。そして人類は、よりよく動物を狩猟したり、植物を採集するための必要な道具をつくり、またその道具を進化させていった。

　また道具を進化させつつ、穀物を栽培したり、家畜を飼育したりする等の農耕や牧畜へと生活を高度化させ、移住生活から定住生活へと生活様式を変化させた。そして、自らが生産したモノを自らが消費するという自給自足生活が始まった。

　つまりこの時代は、自らが生産した生活に必要なモノを自らが消費する自給自足の経済社会で成り立っていた。つまり、生産と消費が同一であることがわかる。

　しかし、自らが生産した生活に必要なモノを自らが消費する自給自足の生活では、限界が生じてくる。そこで人類は、自らが生産するモノを提供し、他の人々や集団等が生産するモノを入手するという「物々交換」を始めた。たとえば、Ａさんが生産した生産物ａとＢさんが生産した生産物ｂをお互いに交換することで、Ａさんが生

産物bを所有し、Bさんが生産物aを所有することになる。そこで、Aさんとβさんの両方のニーズが満たされる。またさらに物々交換が始まり、自らが生産した生産物と他の人や集団等が生産した生産物を交換することが可能となり、人々がお互いに依存する関係が構築されていった。

　しかし、Aさんが生産した生産物aとBさんが生産した生産物bをお互いに交換する「物々交換」や、他の人々や集団等と交換を行う「物々交換」にも限界が生じてきた。そこで人類は、これらの解決策を考えた。つまり人類が考えたこれらの限界を解決するための手段が、「貨幣（お金）」であった。

　たとえば、Aさんが生産したモノとBさんや他の人々等が持つ貨幣をお互いに交換することになる。

　これらのことから、さまざまなモノと貨幣を交換することができるようになったのである。詳細に見ると、Aさんは、自らが所有するモノを渡してBさんや他の人々等から貨幣を受けとることができるようになる。一方Bさんは、Aさんや他の人々等に自らが所持する貨幣を渡して、Aさんや他の人々等が所有するモノを得ることができるようになった。

　つまり、貨幣が出現したことで、Aさんは所有するモノを渡して、Bさんや他の人々等が所持する貨幣を受け取る行動である販売活動を行うことができるようになった。またBさんは、自ら所持する貨幣を渡してモノを得る行動である購買もしくは購入活動を始めることができるようになったのである。

　現在の分業化社会では、これらのようなビジネスが成立しているのである。つまり、ビジネスは販売活動と購買もしくは購入活動が

うまく適合することで成立する。

　以上のことから、昔の人類は、自給自足の社会のなかで、それぞれの人が所有するモノを交換する物々交換を行うことで、交換行為を成立させていた。

　しかし、人類は同じモノ等の物々交換をするばかりでは、限界となる。そこで新たに貨幣が登場したのである。それから現在の分業化社会では、通常の行為であるモノとお金を交換することができるようになった。つまり、モノと貨幣の交換である売買取引が成り立つことになり、まさしくその売買取引が商業であり、ビジネスとなる。

2．流通の基礎

（1）流通の視点

　前述で述べたように昔は、自らが生産した生活に必要なモノを自らが消費するという、自給自足（生産者＝消費者）の生活が営まれていた。しかし現在の分業化社会では、生産者と消費者とは異なり、あらゆる生産者は、お金を得るために商品を生産している。そしてこのような現在の分業化社会では、生産と消費の間には、多様な隔たり（懸隔）が生じるようになった。

　どのような隔たりがあるのだろうか。具体的な事例を交えて、考えてみよう。

図1－1　生産と消費の隔たりの簡略例

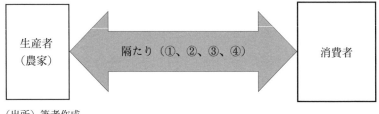

（出所）筆者作成。

　たとえば上記の図1－1のように、農家が野菜を作り、消費者が野菜を購入して消費する簡単な事例を想定しよう。

　上記の図1－1のように、生産者と消費者には、どのような隔たりがあるのかを考えよう。主に生産と消費の隔たりには、下記の4つの隔たりがある。

①人的隔たり（＝所有の隔たり）

　最初に、人的隔たり（＝所有の隔たり）である。自給自足の時代は、生産者＝消費者でこのような懸隔は生じなかった。しかし、現在の分業化社会では、基本的に生産者と消費者がイコールではない（生産者≠消費者）ため、生産者と消費者の人が異なる。たとえば、ねぎを作る生産者とねぎを買ってきて食べる人が違うということである。ねぎを作る生産者が、自らの家でねぎを食べるということからさらに、現在の分業化社会では、自らが作ったねぎを市場、商店および企業等に販売している。つまり、農家等の生産者は、自らが所有するモノの所有権を消費者に譲渡して、お金を入手するために生産物を生産することを目的としている。

（**例**）野菜を作る人（生産者）⇔野菜を買って食べる人（消費者）

　　　 人的隔たり （＝所有の隔たり）

②空間（場所）の隔たり

　次に、生産された場所と消費される場所が異なるために生ずる隔たりである。たとえば、生産者がねぎを作っている場所と消費者が、ねぎを買ってきて食べる場所の違いである。これが、空間（場所）の隔たりである。

（**例**）野菜を作っている場所（生産する場所）⇔野菜を売っている場所
　　　（消費する場所）と野菜を買って食べる場所（消費する場所）

　　　 空間的隔たり （＝場所の隔たり）

③時間の隔たり

　生産された時間と消費される時間が異なるために生ずる隔たりである。たとえば、生産者がねぎを作った時間と消費者がねぎを買ってきて食べる時間の違いである。これが、時間の隔たりである。現在は、輸送や保管技術の発達により、生産された時間と消費される時間がより拡大している。

（**例**）野菜を作った時間（生産した時間）⇔野菜を売っている時間
　　　（消費する時間）および野菜を買って食べる時間（消費する時間）

　　　 時間の隔たり

④情報の隔たり

　生産者と消費者の情報の不確かから生じている隔たりである。た
とえば、消費者が、どこで、何を、どれだけ、どのような価格で商
品を入手したいと思っているのか等について生産者が知らないこと
があげられる。また消費者も生産者と同様に、生産者が生産する商
品がどのような技術で、どのようにつくられ、どこで、どれくらい、
誰が生産しているか等の生産者に関する情報を消費者がわからない
ことから生ずる隔たりである。

（例）　▼生産者：(どこで、何を、どれだけ、どのようにすれば、消費者のニ
　　　　　　　　　ーズに適合するのか？)

　　　　　　　　　　　　　　⇔

　　　　▼消費者：(誰が、どのようにして、どのような野菜を作っているのか？)
　　　　　　　　　　情報の隔たり

　以上のことから、現在の分業化社会における生産と消費の多様な
隔たり（懸隔）には、主に①人的隔たり（＝所有の隔たり）、②空間
（場所）の隔たり、③時間の隔たり、④情報の隔たりがある。

（２）流通フローと流通機能

　前述の内容を踏まえて、いかに生産と消費との多様な隔たり（懸
隔）をつなぎ合わせるのか。また生産と消費との多様な隔たり（懸
隔）に対応する流通の活動およびそのはたらきとは、いかなるもの
かについて、それぞれ見ていこう。まずは、いかに生産と消費との
多様な隔たり（懸隔）を結びつけるのかについて見ていこう。

図1－2　生産と消費の懸隔と流通フロー

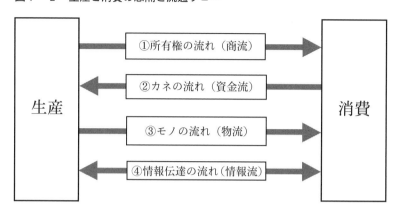

（出所）鈴木安昭（1997）『新・流通と商業〔改訂版〕』有斐閣、6ページをベースに作成。

　図1－2は、生産と消費との多様な隔たり（懸隔）を解消するための4つの流通フローを示している。下記の4つの流れをより詳細に見ていこう。

　上記の図1－2が示すように、生産と消費の懸隔を埋める働きをするのが、①所有権の流れ（商流）、②カネの流れ（資金流）、③モノの流れ（物流）、④情報伝達の流れ（情報流）である[1]。①所有権の流れ（商流）とは、生産者から消費者へ商品の所有権が移転することである。②カネの流れ（資金流）は、消費者が、商品を購入したその対価として支払われるカネを生産者から消費者へ移転する活動である。③モノの流れ（物流）とは、商品そのものが生産者から消費者へ移動することを示す。④情報伝達の流れ（情報流）は、上記の3つのフローとは異なり、生産から消費および消費から生産への両方向、いわば双方向性への情報の流れである。これらの4つの流れは、小売業、卸売業および物流業が行う企業活動（流通活動）によって遂行される。

さらに小売業や卸売業等が行う企業活動（流通活動）の４つの流れをより詳細に見ていこう。

①所有権の流れ（商流）
　生産者から消費者へ商品の所有権が移転するためのさまざまな活動である。いわゆる売買活動の中心である。たとえば、商品を生産者から仕入れることや消費者へ販売するあらゆる取引活動である。その際、仕入れた商品が売れ残ることや盗難される等の危険負担機能も含まれる。端的にいうと、需要と供給を結合させる機能を果たす。

②カネの流れ（資金流）
　生産者から消費者へ商品の所有権や商品そのものが移転するときに、その対価として支払われる活動がお金の流れである。また、卸売業や小売業が行う企業間の売買取引の際に、金融機関等が卸売業や小売業を信用して、資金を融通して売買取引を成立させる等もある。

③モノの流れ（物流）
　生産者から消費者へ商品そのものが移転する活動である。主として、卸売業や物流業が中心的な役割を果たす。空間的な隔たりを解消する主要な活動が輸送である。また時間的な隔たり、たとえば、商品の劣化や価値を保持したりする等の活動が保管である。物流には、上記の機能の他に、包装、荷役および流通加工等のさまざまな機能がある。

④情報伝達の流れ（情報流）

　生産から消費へ商品に関する供給情報が流れる一方、消費から生産へ商品に関する需要情報が流れる。生産と消費に関わる双方向の情報の流れである。売買取引に関するさまざまな情報の流れに関与する。たとえば、コンビニのレジで活用されているPOSシステム等では、店頭で売れた商品の需要情報がコンビニの本部などに流れ、コンビニの本部等から商品の供給情報が店舗に流れるなどがある。

　このように、一般的に生産と消費の多様な隔たり（懸隔）を解消したり、つなぎ合わそうとする活動を流通という。それを行うためには、所有権の流れ（商流）、商品の流れ（物流）、カネの流れ（資金流）および情報伝達の流れ（情報流）の４つのフローが重要である。

　次に、生産と消費との多様な隔たり（懸隔）に対応する流通の活動およびそのはたらきとは、いかなるものかについて見ていこう。表1−1は、流通の活動およびそのはたらきを示す流通機能を示している。[2]

表1−1　流通機能の定義

種　類	定　義
所有権機能	商品の所有権や移転するための売買活動。
危険負担機能	商品を買い取ることによる在庫保有の危険と取引先への信用供与から生じる貸倒れ危険を負担する活動。
情報伝達機能	取引の意図とこれらの意図の需要に関する情報を見込買手あるいは見込売手へ伝達する活動。
物流機能	受注を充足するための商品の物理的な保管・輸送・荷扱い等からなる活動。

（出所）田村正紀（2001）『流通原理』千倉書房、19ページを一部修正して作成。

生産と消費の隔たりのなかでも人的隔たり（＝所有の隔たり）には、流通機能のなかの所有権機能やそれに伴って発生する危険負担機能が関係する。空間（場所）の隔たりや時間の隔たりには、物流機能が関係する。情報の隔たりには、情報伝達機能が関係する。流通機能は、各生産と消費の隔たりに対応する一方、すべての生産と消費の隔たりに影響を及ぼす。

（3）流通機構と流通機関

　『基本流通用語辞典（改訂版）』（宮澤永光監修）によると、流通機構とは、「商品としての財およびサービスの流通にかかわる社会的な仕組み」としている[3]。

　『マーケティング用語辞典』（和田充夫・日本マーケティング協会編）によると、流通機構とは、「生産物を生産段階から消費段階へと移転させるための社会的な仕組みのことで、国民経済的ないしマクロ的な観点からとらえた概念」としている[4]。

　これらのことから、流通機構は、個々の企業レベルの流通的な視点ではなく、国や県レベルから商品別や企業までを含んだ流通に関わる社会的かつ経済的な仕組みとされよう。その流通機構に卸売業や小売業等の流通機関が含まれる。

　その際、商品が生産者から卸売業を通じて小売業に至り消費者に提供されたり、生産者から直接消費者に提供される等を含めて、さまざまな流通機構がある[5]。

（4）流通経路（流通チャネル）

Philip, Kotler. and Gary Armstrong（2015）によると、流通チャ

図1－3　流通経路（流通チャネル）の具体例

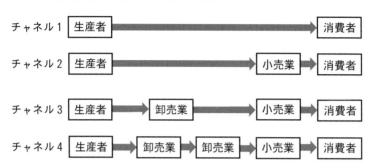

（出所）Philip, Kotler. and Keller, K.L（2006）*Marketing Management,* 12th Edition, Pearson Prentice Hall, p.438をベースに作成。

ネルとは、「消費者もしくは企業の利用者が、ある製品もしくはサービスを消費もしくは利用することを可能にする一連の相互に依存した組織」としている[6]。

　図1－3は、流通経路（流通チャネル）の具体的な例を示している。チャネル1のように、商品が生産者から消費者に直接取引および直接販売される仕組みを直接流通という。チャネル2は、商品が生産者から小売業を経由して消費者に販売される仕組みである。チャネル3は、商品が生産者から卸売業を経由して、小売業に至り、消費者に販売される仕組みである。チャネル4は、商品が生産者から卸売業を2つ経由して、小売業に至り、消費者に販売される仕組みである。

　特にチャネル2、チャネル3およびチャネル4のように、商品が、生産者から卸売業や小売業等を介して、消費者に販売される仕組みを間接流通＝間接取引という。

（5）商業者の意義と役割

　ここで、商業者とは何かを小売業に焦点をあてて考えてみよう。図1-3を見ると、小売業は生産者等から商品を仕入れて、お金を払うという売買取引を行う。また小売業は、消費者に対して、生産者等から仕入れた商品を消費者に販売し、その対価としてお金をもらう。つまり小売業は、生産者等と売買取引を行いつつ、消費者とも売買取引を行うことになり、まさに商業者となる。一方小売業は、生産者と消費者の売買取引をするための隔たりがある場合、その生産と消費の懸隔を解消しようとするため小売業は、流通活動を行う流通業となる。このことにより、商業者＝小売業＝流通業となる。

　商業者（流通業）とは、一般的に生産と消費の隔たりをつなぐないし解消することに従事する事業者である。具体的な商業者には、卸売業や小売業、流通機能に関わる物流業も含まれるであろう。

　一方、なぜ生産者と消費者の間に介在する商業者は必要なのか。ここでは、その理由に対応する3つの原理を見ていこう。

①取引総数単純化の原理

　生産者と消費者が直接取引する場合と生産者と消費者の間に商業者が介在する場合の違いを考えてみよう。図1-4を見てみると、生産者と消費者が直接取引する場合の取引総数は16回である。しかし、生産者と消費者の間に商業者が介在すると、取引総数は16回ではなく8回となる。つまり、生産者と消費者の間に商業者が介在することで、生産者と消費者が直接取引する場合よりも取引回数が減少する。それとともに、生産者と消費者の間で取引する際に発生するさまざま流通コストを削減することにも繋がり、社会的な流通コ

図1－4　商業者の介在による効果事例

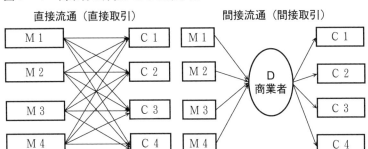

注　M：生産者（Manufacture）　D：商業者（Distributor）　C：消費者（Consumer）
（出所）　筆者作成。

ストの削減に貢献し、社会的な存在意義がある。

②情報縮約・整合（斉合）の原理

　生産者と消費者の間に商業者が介在すると、商業者は、多数の生産者が生産した商品を取り扱うことになる。そこで、多数の生産者や商品に関する情報が、商業者に集中および整理される。商業者は、多数の生産者や商品に関する知識を高めつつ、さまざまな情報を比較可能にできるようになる。また商業者は、多くの消費者の需要に関する情報が集中および整理され、多数の生産者や商品の情報および多くの消費者の需要情報を集中・整理したなかで精査し、自らの危険で商品を仕入れた品揃えを行い、整合される（売れそうな商品を仕入れる）。これらのことにより、生産者と消費者の両方の取引が効率化されるとともに、流通コストは、削減される。

③集中貯蔵の原理（不確実性プールの原理）

　各生産者は、消費者の需要変動に応じるために、商品の在庫をもつ。

　一方、各生産者が、それぞれの生産した商品の在庫を保持するよりも、生産者と消費者の間に商業者が介在し、商業者が、各生産者の生産した商品の在庫を保持すると、生産者と消費者が直接取引する場合の在庫量よりも社会全体の在庫量は削減することができるため、流通コストは削減される。

　間接流通で商業者が、生産者に代わって在庫を持つと、在庫の必要量は、直接流通で生産者のみが在庫を持つ場合の各生産者の在庫量の総和よりも小さくなる。

　これら3つの原理が商業者の重要性を説明している。さらに具体的な事例で見てみよう。たとえば、夕食のカレーをつくることを考えよう。夕食のカレーをつくるためには、必要な食材が必要である。たとえば、カレーのルー、牛肉、野菜および調味料等を取り揃えることが必要となる。食材の生産者を考えてみると、カレーのルーと調味料の生産者は、食品メーカーである。牛肉は、畜産業者であり、野菜は、農家となる。つまり、それぞれ、別々の生産者が生産している。一方、厳密に考えると、消費者が、夕食のカレーをつくるためには、個々の生産者を回って別々に食材を調達しなければならず、時間と手間の負担が大きい。実際には、そのようなことはしていない。それは、商業者が活躍しているからである。つまり、商業者（卸売業および小売業）の役割は、生産者と消費者の間に商業者が介在し、売買取引を集中して、消費者ニーズに適合する商品の品揃えを行うことである。

　それゆえ、消費者は、生活に必要な商品を個々の生産者に食材を

調達することなしに、商業者（小売業）に行くことで、買物ができることになる。言い換えると、消費者は、夕食のカレーをつくるためには、別々の生産者の食材を調達することなく、スーパー等の小売業に行くことで、食材が手に入り、夕食のカレーをつくることができるのである。また生産者は、商品を商業者に販売し、消費者への販売を委ねて、収入を得ることができる。

　以上のことより、基本的な商業の意義の視点として、生産者と消費者の間に商業者（卸売業および小売業）が介在し、売買取引を集中させる。商品の品揃えを豊富にする。生産者や消費者が負担しなければならないさまざまなコスト（例：探求や交渉のコスト、商品の引き渡しコストおよび過剰な在庫コスト）、つまり社会全体にかかる流通コストを削減（節約）することである。

【注】

1 ）鈴木安昭（1997）『新・流通と商業〔改訂版〕』有斐閣、6 ページ。

2 ）田村正紀（2001）『流通原理』千倉書房、19ページ。

3 ）宮澤永光監修（2007）『基本流通用語辞典（改訂版）』白桃書房、303-304ページ。

4 ）和田充夫・日本マーケティング協会編（2005）『マーケティング用語辞典』日経文庫、228ページ。

5 ）宮下正房（1989）『日本の商業流通』中央経済社、60-66ページ。

6 ）Philip, Kotler. and Gary Armstrong（2015）*Principles of Marketing*, -Global Edition- (16th ed.), Pearson Education Limited, p.377.

第2章　小売業の役割と構造

1．小売業の定義

　小売業をイメージしてみよう。どのような小売業があるだろうか。たとえば、高島屋、イオン、セブン-イレブン、ユニクロ、カインズ、ドン・キホーテ等のさまざまな小売業がある。小売とは、一般的に、最終消費者に対して販売する活動を指し、小売業とは、生産者から商品を仕入れて、最終消費者に販売する事業者である。

2．小売業の役割

（1）生産者に対する役割

　小売業の生産者に対する役割を考えてみよう。たとえば、農家は野菜を作る活動をしている。そして自らが作った野菜を売って、収入を得ている。その際農家のほとんどは、自ら作った野菜を自らで最終消費者に販売するのではなく、小売業が農家の作った野菜を仕入れて、何らかの販売方法で最終消費者に野菜を売ることが多い。つまり小売業は、生産者が作ったり、所有する商品を生産者の代わりに最終消費者へ販売する活動を行うことになる。つまりこれが、小売業の生産者に対する役割となる。

（2）消費者に対する役割

　一方、小売業の消費者に対する役割を考えてみよう。たとえば、

家で、すき焼きを作って食べるとしよう。すき焼きの材料には、肉、野菜、豆腐および卵等が必要である。厳密にいうと、それぞれの生産者に交渉して、それぞれを調達しなければならない。しかし、現実的には、そのようなことを行わなくてもすき焼きを作ることができる。なぜなら、スーパー等の小売業が肉、野菜、豆腐、卵等を各生産者等から仕入れて、それらを店頭に品揃えをして、消費者に販売する活動を行っているためである。消費者は、家ですき焼きを作って食べようとしたら、スーパーに行って、それらの食材を買い求めればいいのである。つまり小売業は、消費者が生活に必要な多種多様な商品を購入するために、個々の生産者等に交渉し、生産者等から商品を調達して、消費者のニーズに適合するような品揃えを行い、消費者が快く買物ができるようにしている。つまりこれが、小売業の消費者に対する役割となる。

（3）地域に対する役割

　小売業は、生産と消費の隔たりを繋ぎ合わせる役割をもつとともに、地域に対する役割も果たす。たとえば、ある街で小売業を開業すると、雇用を創出させたり、地域経済の活性化に貢献することもできる。また地域によりさまざまな商業集積が形成される。たとえば、商業集積には、徐々に歴史的に形成された商店街やあらゆる状況が一体として計画的かつ統一的に運営されるショッピングセンター等がある。これらが、雇用創出や地域経済の発展だけでなく、地域のコミュニティの場をつくり、地域社会への貢献や「街づくり」に大きく寄与し、地域社会に対する大きな役割を担うのである。

3．業種と業態の概念

　小売業を分類する概念として、業種と業態の概念がある。1960年代以前を中心とする高度経済成長期までの小売業を分類するための基準を考えてみよう。たとえば、店の商品の品揃えに対して野菜を扱うから八百屋、おもちゃを扱うから玩具店、魚介類を扱うから魚屋といわれることが常だった。つまり、高度経済成長期までのわが国の小売業の分類は、取扱商品で分類されていた。このように、小売業を取扱商品で分類する概念を業種という。日本における高度経済成長期までの小売業は、八百屋や魚屋といった伝統的な業種店がほとんどを占めていた。

　しかし、1960年代以降になると消費者のニーズが多様化し、幅広い商品を取り扱う小売業や小売業間で取扱商品がかなり重なり合うケースが増加し、従来からの取扱商品で小売業を分類することが困難になってきた。そこで、取扱商品で小売業を分類するのではなく、販売の仕方や営業の形態によって小売業を分類するという概念が用いられてきた。

　このように、販売の仕方や営業の形態によって小売業を分類する分類方法を業態という。1960年代以降では、小売業を分類する方法として、業態が一般的になった。業態という概念で小売業を分類する具体例を見てみよう。たとえば、値段はほとんどの商品で定価販売だが、いつでも気軽に、便利に買い物をしたいという顧客が選択する業態は、コンビニエンスストアとなる。さらに、値段は高いけれども、サービスレベルが高く、安心して商品を購入したいという顧客が選択する業態は、百貨店ということになる。その他にも、スーパー、専門店、ドラッグストア、ホームセンターやディスカウン

トストア等のさまざまな業態分類があげられる。

４．小売業の構造

（１）日本の小売業の規模

　表２−１は、日本の小売業の事業所数・従業員数・年間商品販売額・売場面積の推移である。[2)]

　表２−１を見ると、日本の小売業の事業所数は、1982年の1,721,465で最も高くなっている。その後の日本の小売業の事業所数は、減少傾向にある。2014年の日本の小売業の事業所数は、1974年の事業所数の約３分の２ほどまで落ち込んでいる。さらに、2014年の日本の小売業の事業所数は、100万を下回るくらいにまでなっている。

　日本の小売業の事業所数を法人と個人でそれぞれ分けて見てみよう。

　日本の小売業の事業所数を法人と個人の数で比べると、以前から日本の小売業は、個人経営が多いことがわかる。しかし、以前と比べると日本の小売業の個人経営の数は、減少傾向にある。特に日本の小売業の個人経営の数は、1994年から100万を割り込むほど減少している。また日本の小売業の法人経営の数は、1999年まで上昇傾向となり、その後は安定的に推移している。日本の小売業は、個人経営が減少し、法人経営が高まっている。

　つまり日本の小売業の事業所数の減少は、個人経営の小売業の減少によることが読み取れよう。また日本の小売業の法人経営の数はある程度安定していることを鑑みると、個人経営から法人経営となり、さらにグループ経営の拡大や多店舗経営へ展開するケースが考えられる。

表 2 － 1　日本における小売業の事業所数・従業員数・年間商品販売額・売場面積の推移

年	事業所数			従業員数	年間商品販売額	売場面積
（西暦）		法　人	個　人	（人）	（百万円）	（㎡）
1974	1,548,184	293,923	1,254,261	5,303,378	40,299,895	67,405,931
1976	1,614,067	332,238	1,281,829	5,579,800	56,029,077	74,973,890
1979	1,673,667	380,973	1,292,694	5,960,432	73,564,400	85,736,815
1982	1,721,465	435,822	1,285,643	6,369,426	93,971,191	95,430,071
1985	1,628,644	449,309	1,179,335	6,328,614	101,718,812	94,506,983
1988	1,619,752	503,728	1,116,024	6,851,335	114,839,927	102,050,766
1991	1,591,223	564,642	1,026,581	6,936,526	140,638,104	109,901,497
1994	1,499,948	581,207	918,741	7,384,177	143,325,065	121,623,712
1997	1,419,696	586,627	833,069	7,350,712	147,743,116	128,083,639
1999	1,406,884	607,401	799,483	8,028,558	143,832,551	133,869,296
2002	1,300,057	583,899	716,158	7,972,805	135,109,295	140,619,288
2004	1,238,049	578,426	659,623	7,762,301	133,278,631	144,128,517
2007	1,137,859	565,969	571,890	7,579,363	134,705,448	149,664,906
2012	1,033,358	582,122	451,236	7,403,616	114,852,278	132,917,692
2014	1,024,881	610,197	414,684	7,685,778	122,176,725	134,854,063

（出所）経済産業省（各年版）『商業統計表』より作成。

　また日本の小売業の従業員数は、1999年まで上昇傾向となり、1999年が最も高くなっている。その後は、1999年以前よりも上がることもなく、安定的に推移している。

　日本の小売業の年間商品販売額は、1997年まで上昇傾向となり、1997年が最も高くなっている。その後は、前後に推移している。

　日本の小売業の売場面積は、2007年まで上昇傾向となり、2007年

が最も高くなっている。その後は、安定的に推移している。

（2）日本の小売業の業種構造

　次に、表2－2、表2－3、表2－4はそれぞれ日本の小売業業種別事業者数（商店数）、従業員数、商品販売額の推移を示している[3]（ある特定の業種を選出）。

日本における小売業業種別事業者数（商店数）

　表2－1の日本における小売業の事業所数（商店数）を見てみると、日本の小売業の事業所数は、1982年が最も高く、その後減少傾向だった。一方表2－2は、日本における小売業業種別事業者数（商店数）の推移を示している。表2－2の日本における小売業業種別事業者数（商店数）を見ると、1991年から2012年まで、ここで取りあげた日本における小売業業種別事業者数（商店数）のなかで多い業種が、飲食料品店である。

表 2 － 2　日本における小売業業種別事業者数（商店数）の推移

	小売業全体	各種商品	織物・衣服・身の回り品	飲食料品	無店舗
1991年	1,605,583	4,472	241,005	622,556	－
1994年	1,499,948	4,839	225,714	569,403	－
1997年	1,419,696	5,078	209,420	526,460	－
1999年	1,406,884	6,687	201,762	488,304	－
2002年	1,300,057	4,997	185,937	466,598	－
2004年	1,238,049	5,556	177,851	444,596	－
2007年	1,137,859	4,742	166,732	389,832	－
2012年	1,033,358	3,014	147,703	317,983	34,461

（出所）経済産業省（各年版）『商業統計表』より作成。

表 2 － 3　日本における小売業業種別従業員数（人）の推移

	小売業全体	各種商品	織物・衣服・身の回り品	飲食料品	無店舗
1991年	7,000,226	450,805	811,323	2,527,972	－
1994年	7,384,177	493,642	788,950	2,740,215	－
1997年	7,350,712	505,292	726,130	2,795,388	－
1999年	8,028,558	518,126	747,552	3,114,175	－
2002年	7,972,805	542,561	719,710	3,160,832	－
2004年	7,762,301	541,231	696,102	3,151,037	－
2007年	7,579,363	522,523	676,614	3,082,562	－
2012年	7,403,616	363,578	672,062	2,848,828	265,389

（出所）経済産業省（各年版）『商業統計表』より作成。

表2－4　日本における小売業業種別年間商品販売額（百万円）の推移

	小売業全体	各種商品	織物・衣服・身の回り品	飲食料品	無店舗
1991年	142,291,133	20,169,067	15,011,617	41,042,906	－
1994年	143,325,066	20,391,222	14,269,027	43,021,131	－
1997年	147,743,116	21,021,786	13,356,356	42,824,537	－
1999年	143,832,553	19,223,508	13,001,898	43,687,352	－
2002年	135,109,294	17,322,175	10,976,945	41,225,997	－
2004年	133,278,631	16,913,495	10,982,142	41,334,228	－
2007年	134,705,446	15,652,725	10,694,006	40,813,292	－
2012年	114,852,278	10,996,722	7,434,112	32,626,786	6,955,648

（出所）経済産業省（各年版）『商業統計表』より作成。

　次に、日本における小売業業種別事業者数（商店数）のなかで多い業種が、織物・衣服・身の回り品である。飲食料品と織物・衣服・身の回り品の２つの業種が、日本における小売業業種別事業者数（商店数）の半数近くを占めている。また飲食料品店および織物・衣服・身の回り品の２つの業種とも1991年と2012年を比較すると、ここ20年で半数近くの事業者数（商店数）まで減少している。一方、2012年から無店舗小売業のデータが取り入れられ、無店舗小売業の事業者数が高い値を示している。これは、インターネットショッピングの増加が推測されよう。

日本における小売業業種別従業員数（人）の推移
　表２－１の日本における小売業の従業員数（人）の推移を見てみると、日本の小売業の従業員数は、1999年まで上昇傾向となり、その後はある程度安定していた。一方、表２－３は日本における小売

業業種別従業員数を示している。その表 2 − 3 を見てみると、織物・
衣服・身の回り品の業種の従業員数が、1991年から2012年まで減少
傾向が続いている。それ以外の日本における小売業業種別従業員数
は、日本における小売業の従業員数（人）の推移と同様、ある程度
安定している。一方、2012年から無店舗小売業のデータが取り入れ
られ、無店舗小売業の従業員数が高い値を示している。これらのこ
とから、織物・衣服・身の回り品の業種で、無店舗小売業の台頭が
有店舗小売業に影響を及ぼしていることが推測されよう。

　日本における小売業業種別年間商品販売額（10億円）の推移
　表 2 − 1 の日本の小売業の年間商品販売額は、1997年まで上昇傾
向となり、その後は、伸び悩んでいる。一方、表 2 − 4 は、日本に
おける小売業業種別商品販売額（10億円）の推移を示している。表 2 −
4 を見てみると、日本における小売業業種別商品販売額は、ここで
取り上げられたすべての業種で日本の小売業の年間商品販売額と同
様、伸び悩んでいる。一方、2012年から無店舗小売業のデータが取
り入れられ、無店舗小売業の年間商品販売額が、織物・衣服・身の回
り品の年間商品販売額とほぼ同じ値となっている。つまり今後も無
店舗小売業の年間商品販売額の増加が窺える。

（3）日本の小売業の業態構造
　次に下記の表 2 − 5 から表 2 − 8 までは、それぞれの日本の小売
業業態別事業者数（商店数）、従業員数、商品販売額および売場面積
の推移を示している。[4]

表 2 - 5　日本における小売業業態別事業者数（商店数）

	2004年	2007年	2016年
総　数	1,238,049	1,137,859	775,196
百貨店	308	271	195
総合スーパー	1,675	1,585	1,413
専門スーパー	36,220	35,512	32,074
コンビニエンスストア	42,738	43,684	35,096
ドラッグストア	13,095	12,701	14,554
その他のスーパー	56,211	55,615	45,154
専門店	726,825	694,578	430,158
家電大型専門店			2,382
中心店	358,297	292,072	190,773
その他の小売店	2,680	1,841	1,049
無店舗販売			22,328

（出所）経済産業省（各年版）『商業統計表』より作成。

表 2 - 6　日本における小売業業態別従業員数（人）

	2004年	2007年	2016年
総　数	7,762,301	7,579,363	5,810,925
百貨店	122,390	117,529	66,683
総合スーパー	394,937	378,154	265,956
専門スーパー	1,186,706	1,205,515	1,091,909
コンビニエンスストア	604,560	635,413	537,618
ドラッグストア	115,432	140,646	187,442
その他のスーパー	368,627	425,974	331,445
専門店	3,415,173	3,324,605	2,087,207
家電大型専門店			81,489
中心店	1,541,926	1,342,535	975,722
その他の小売店	12,550	8,992	5,088
無店舗販売			180,366

（出所）経済産業省（各年版）『商業統計表』より作成。

表 2 - 7　日本における小売業業態別年間商品販売額（百万円）

	2004年	2007年	2016年
総　　数	133,278,631	134,705,448	122,176,725
百貨店	8,002,348	7,708,768	4,922,646
総合スーパー	8,406,380	7,446,736	6,013,777
専門スーパー	24,101,939	23,796,085	22,368,486
コンビニエンスストア	6,922,202	7,006,872	6,480,475
ドラッグストア	2,587,834	3,012,637	4,300,305
その他のスーパー	5,480,581	5,949,303	4,537,507
専門店	49,970,253	53,929,117	43,157,623
家電大型専門店			4,458,503
中心店	27,578,452	25,702,229	19,299,839
その他の小売店	228,642	153,701	203,237
無店舗販売			6,434,326

（出所）経済産業省（各年版）『商業統計表』より作成。

表 2 - 8　日本における小売業業態別売場面積（㎡）

	2004年	2007年	2016年
総　　数	144,128,517	149,664,906	134,854,063
百貨店	6,472,113	6,096,621	4,761,930
総合スーパー	15,191,303	14,903,108	12,546,596
専門スーパー	37,402,230	39,998,621	42,043,217
コンビニエンスストア	4,715,252	5,016,762	4,335,189
ドラッグストア	3,676,476	4,757,090	7,121,002
その他のスーパー	7,090,125	9,236,313	7,075,137
専門店	42,790,111	45,364,960	29,646,993
家電大型専門店			6,498,904
中心店	26,468,259	24,052,552	20,574,085
その他の小売店	322,648	238,879	251,010
無店舗販売			

（出所）経済産業省（各年版）『商業統計表』より作成。

日本における小売業業態別事業者数（商店数）

　表２−５の日本における小売業業態別事業者数（商店数）の総数
は、減少傾向にある。業態別に見ると、ドラッグストア以外の小売
業の業態では減少傾向にある。特に百貨店の事業者数（商店数）の
減少が顕著に表われている。2016年から新たに家電大型専門店や無
店舗販売のデータが取り入れられている。

日本における小売業業態別従業員数

　表２−６の日本における小売業業態別従業員数の総数は、減少傾
向にある。業態別に見ると、日本における小売業業態別事業者数
（商店数）の減少と同様、ドラッグストア以外の小売業の業態で減少
傾向にあり、百貨店の業態別従業員数の減少が顕著に表われている。
一方、ドラッグストアの業態別従業員数が、2004年から2016年まで
増加傾向にある。2016年から新たに家電大型専門店や無店舗販売の
データが取り入れられている。

日本における小売業業態別年間商品販売額

　表２−７の日本における小売業業態別年間商品販売額の総数は、
2004年から2016年まで、各年度で前後しながら、推移している。業
態別に見ると、ドラッグストアの業態別年間商品販売額が増加して
いる。一方、百貨店の事業者数（商店数）の減少が顕著に表われてい
る。それ以外の業態は、ほとんどが各年度で前後しながら、推移し
ている。一方、2016年から家電大型専門店や無店舗販売のデータが
取り入れられている。

日本における小売業業態別売場面積

　表 2 － 8 の日本における小売業業態別売場面積の総数は、2004年から2016年まで、各年度で前後しながら、推移している。業態別に見ると、専門スーパー、ドラッグストアおよびその他の小売店の売場面積が増加している。

【注】

1 ）鈴木安昭（1997）『新・流通と商業〔改訂版〕』有斐閣、184-185ページ。

2 ）経済産業省（各年版）『商業統計表』。

3 ）経済産業省（各年版）『商業統計表』。

4 ）経済産業省（各年版）『商業統計表』。

第3章　商業と消費者

1．日本の人口と世帯数の推移

下記の表3－1は、日本の総人口推移である[1]。

表3－1　日本の人口の推移（単位：1,000人）

	総　数	男	女
1930年	64,450	32,390	32,060
1950年	84,115	41,241	42,873
1970年	104,665	51,369	53,296
1980年	117,060	57,594	59,467
1990年	123,611	60,697	62,914
1995年	125,570	61,574	63,996
2000年	126,926	62,111	64,815
2005年	127,768	62,349	65,419
2008年	128,084	62,422	65,662
2009年	128,032	62,358	65,674
2010年	128,057	62,328	65,730
2011年	127,834	62,207	65,627
2012年	127,593	62,080	65,513
2013年	127,414	61,985	65,429
2014年	127,237	61,901	65,336
2015年	127,095	61,842	65,253

（出所）総務省（各年版）『国勢調査』および『人口推計』より作成。

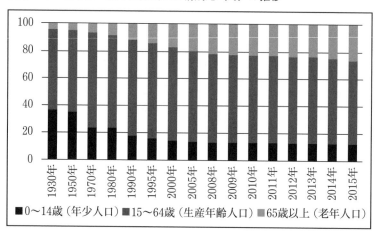

図 3 - 1　日本の年齢 3 区分別人口構成比（％）の推移

0〜14歳（年少人口）　15〜64歳（生産年齢人口）　65歳以上（老年人口）

（出所）総務省（各年版）『国勢調査』および『人口推計』より作成。

　また図 3 - 1 は、日本の年齢 3 区分別人口構成比（％）の推移である[2]。

　日本の人口は、2008年頃をピークに減少傾向となっている。また各年齢人口を見ると、15〜64歳の生産年齢人口は、1990年頃をピークに減少傾向にある。日本の年齢 3 区分別人口構成比における 0〜14歳の年少人口は、1930年から2017年まで継続して減少している。さらに1930年と2015年の 0〜14歳の年少人口を比較すると、約 3 分の 1 程度まで減少している。一方、日本の年齢 3 区分別人口構成比における65歳以上の老年人口は、0〜14歳の年少人口とは逆に継続して増加している。65歳以上の老年人口は、1930年から2015年までかなりの勢いで高まっており、現在の少子高齢化が急速に進行していることがわかる。

　また表 3 - 2 および表 3 - 3 は、2000年から2015年までの日本の家族類型別一般世帯数を示している[3]。日本における世帯数総数は、

表3-2　日本の家族類型別一般世帯数①

総　数		親族のみの世帯				
		核家族世帯				核家族以外の世帯
		夫婦のみ	夫婦と子供	男親と子供	女親と子供	夫婦と両親
2000年	46,782	8,823	14,904	535	3,011	238
2005年	49,063	9,625	14,631	605	3,465	246
2010年	51,842	10,244	14,440	664	3,859	232
2015年	53,332	10,718	14,288	703	4,045	191

（出所）総務省（各年版）『国勢調査』より作成。

表3-3　日本の家族類型別一般世帯数②

	親族のみの世帯				非親族を含む世帯	単独世帯
	核家族以外の世帯					
	夫婦とひとり親	夫婦、子供と両親	夫婦、子供とひとり親	その他		
2000年	697	1,438	2,079	1,871	276	12,911
2005年	737	1,177	1,819	1,939	360	14,457
2010年	731	920	1,516	1,910	456	16,785
2015年	676	710	1,214	1,770	464	18,418

（出所）総務省（各年版）『国勢調査』より作成。

年々増加している。また日本の世帯数のなかでも夫婦と子どもの核家族世帯が減少する一方、単独世帯の数が増加している。特に2015年を見ると、日本における単独世帯数は、日本の世帯数総数の3分の1を占める程まで上昇している。

　以上のことから、日本の人口および世帯数は、総体的に少子高齢化および単独世帯が高まる傾向になってきている。

表3－4　小売ミックスの次元と要素

消費者の認知次元	小売ミックスの要素	
	店　舗	商業集積
立地上の便利さ	所要時間、公共交通機関、駅からの距離駐車場、自転車置き場	所要時間、公共交通機関、駅からの距離駐車場、自転車置き場
品揃え	品揃えの深さ、広さ、品質水準	業種構成、業態構成
販売促進と顧客サービス	接客の良さ、広告、宅配サービス	広告、飲食施設、レジャー施設、トイレ
雰囲気	レイアウト、商品陳列、店内混雑度、顧客層	レイアウト、公共空間、モール、顧客層
価　格	価格ゾーン、特売	価格ゾーン、特売

（出所）鈴木安昭・田村正紀（1980）『商業論』有斐閣新書、91ページを一部修正して作成。

2．小売業と消費者行動

　小売業等の活動と消費者行動の関係を示す組み合わせに小売ミックスがある。表3－4は、小売ミックスの次元と要素を示している。[4]具体的に見ていこう。

　立地上の便利さ

　立地上の便利さは、消費者が買物行動を行うときに重要視される項目である。それは、消費者が店舗に足を運ぶかどうかという店舗への集客に関わる要素となる。店舗を運営する場合、基本的に集客がなければ売上が伸びない。消費者が、立地の便利さを感じることは、各消費者の居住地から店舗までの距離や所要時間と店舗へ入店するまでの手段などに関係する。その際、各消費者の居住地から店舗までの距離や所要時間が何よりも重要項目であり、小売業の商圏

設定に大きく関与する。各消費者の居住地や駅等から店舗へ行くための鉄道やバス等の公共交通機関が整備されているかどうか、各消費者の居住地や駅等から店舗に行くためにどれくらいの時間や距離がかかるのか、店舗に行くための交通の乗り換えおよび乗り継ぎのスムーズさや公共交通機関の本数などが重要となる。また自家用車では、店舗までの道路の整備や混雑および駐車場の数、駐車のしやすさや駐車料金の設定等が店舗への集客に関係する。また自転車の駐輪スペースの確保や駐輪料金の設定などもあげられる。いずれにせよ、消費者が店舗に行きやすく、行きたいと感じることが重要である。

品揃え

　店舗の品揃えは、何よりも重要項目である。なぜなら、消費者が欲しい商品を店頭に品揃えしていなければ、消費者が商品を購入せず、売上に繋がらないためである。店舗の品揃えのポイントは、品揃えの広さ、深さおよび品質水準である。品揃えの広さは、各店舗に所持する商品ラインの数量である。商品ラインの数量が多ければ多いほど、品揃えは広いといわれる。品揃えの深さとは、各商品ラインのなかのアイテム数である。各商品ラインのサイズやブランド等が数多く揃えているならば、品揃えは深いという。品揃えの品質水準とは、商品のグレードに関与しており、小売業の業態展開に関係する。店舗の品揃えをどのように展開するかは、小売業の業態や店舗の規模、広さ、商圏内の顧客層やニーズおよび競争店舗の動向によって決定される。品揃えが広く、さらに品揃えが深い店舗は、集客が高まる傾向となるが、在庫費用や管理などが難しくなる。

販売促進と顧客サービス

　販売促進は、プロモーション戦略のなかの１つの機能である。また顧客サービスは、店舗内の顧客サービスが重要となる。これらのなかでも特に、販売員活動の接客サービスが焦点になる。なぜなら販売員の接客サービスによって、消費者からの店舗イメージや店舗での消費者購買に大きな影響を及ぼすためである。そのため、販売員教育や訓練が消費者からの店舗イメージや店舗での消費者購買に大きな影響を与える。また広告は消費者に対して店舗に品揃えされている商品の情報提供やイベント等の告知等を行う。広告の媒体は、新聞、雑誌、ラジオ、TV、屋外、折込チラシ、フリーペーパーおよびPOP（店頭販促物）等がある。

雰囲気

　雰囲気とは、消費者が、店舗や商業集積で買い物をされる際に認知されることに関係する。まず消費者が店舗に入店すると、店内における商品のディスプレイや店舗のレイアウトを認識する。店内における商品のディスプレイや店舗のレイアウトは、店舗内への消費者誘引や消費者の店舗イメージの形成に深く関与する。さらに、島陳列、エンド陳列や大量陳列を含む陳列方法およびPOPの使用方法等は、消費者の関連購買を含む消費者購買意思決定に重要である。消費者が店舗全体を認知する視点は、トイレ、飲食施設、娯楽施設、休憩所、コインロッカー、空調設備および託児所等の店舗間の回遊のよさがあげられる。

価　格

　価格は、店頭での表示価格に関係する。表示価格は、仕入れ値、消費者の需要や競争店舗等に関与する。仕入れ値は、各商品分野や各店舗の消費者の動向により変化する。消費者の需要によって表示価格を上げることや特売やバーゲン等のセールを行って表示価格を下げるケースもある。また競争店舗との関係は、競争店舗の価格動向を把握して、自社店舗の価格を決定することが多い。たとえば、表示価格からの割引等が行われる。

3．商品の分類

　商品は、一般的に図3－2で示すように使用用途によって2つに分類することができる。1つ目は、製造業がモノづくりを行う際に必要な産業用・業務用の商品である。たとえば、自動車や家電を生産する際に必要な部品などである。製造業が、生産および事業活動

図3－2　使用用途による分類商品の分類（簡略化）

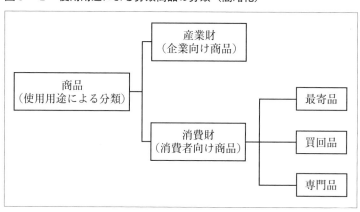

（出所）筆者作成。

で使用される商品を産業財という。2つ目が、最終消費者が利用するための商品として扱われる消費財である。一般的に、各消費者が使用や利用するための商品である。

　さらに、消費財を消費者購買行動の基準で分類すると、最寄品、買回品、および専門品という3つの消費財に分類することができる[5]。最寄品とは、食料品や日用品など消費者が日頃から頻繁に購入し、比較的に低価格な商品である。買回品とは、洋服や家電製品等のように一般的に最寄品と比べると、価格が高く、購入頻度は低く、消費者が時間と費用をかけて十分検討したうえで、購入する商品である。専門品とは、高級自動車やブランド品等を例とした消費者自身のこだわりや思い入れなどを含めた嗜好性が高く、消費者が購入するための費用や時間を惜しまない商品である。

　また最寄品は、商品単価が安いため、購買リスクも低く、消費者の購買行動も自宅から近い店に行くケースが多い。一方、洋服等の買回り品は、商品単価が高いため、購買リスクも高くなり、消費者の購買行動も自宅から遠いお店へ訪れても買いに行くケースが高ま[6]る。このような商品の分類と消費者行動の視点を認識することで、小売業の仕入れ、ストアコンセプト、品揃えや立地戦略等に影響を及ぼす。

【注】
1）総務省（各年版）『国勢調査』および『人口推計』。
2）総務省（各年版）『国勢調査』および『人口推計』。
3）総務省（各年版）『国勢調査』。
4）鈴木安昭・田村正紀（1980）『商業論』有斐閣新書、91ページ。
5）鈴木安昭（1997）『新・流通と商業〔改訂版〕』有斐閣、100-101ページ。

6）田島義博・原田英生編著（1997）『ゼミナール流通入門』日本経済新聞社、
　　49ページ。

第4章　小売業の業態展開

１．小売業の業態の種類

　小売業の業態には、百貨店、総合スーパー、専門（食品）スーパー、コンビニエンスストア、専門店、ドラッグストア、ホームセンターおよびディスカウントストア等のさまざまな業態がある。この章では、小売業の業態のなかでも特に、百貨店、総合スーパー、専門（食品）スーパー、コンビニエンスストアに焦点を当てて見ていこう。

２．百貨店

（１）百貨店とは

　百貨店は、食料品、衣服および食器等のさまざまな商品が品揃えされている。それゆえ、顧客が百貨店に行くことで、あらゆる商品を手に入れることができる。また百貨店の店員は、各顧客に商品の説明を行うことや支払いをするなどの対面販売を行っている。一般的に百貨店に行くことをデパートに行くという。これは、百貨店を英語でdepartment storeということに関係している。さらに英語のdepartmentは、部門別管理という意味がある。

　これらのことから、百貨店は、広範囲の商品を総合的に扱い、顧客に対面販売とワン・ストップ・ショッピングを提供する商品部門別に管理された大規模小売業といえる。

（2）百貨店の歴史（世界）

百貨店の誕生は、産業革命の進展とつながりがある。産業革命により、工業に携わる所得の高い人々が大都市に集中し、百貨店は、その消費者市場に対応する新しい販売方法として展開された。[1]

世界で最初の百貨店は、1852年にパリで創業したボン・マルシェである。その後、1858年にメーシーがアメリカで百貨店を開設し、1863年にイギリスのホワイトレー、1870年にドイツのウェルトハイムが続き、百貨店は、欧米で次々と開設された。[2]

これらの百貨店の特徴として、商品の正札販売、現金販売および返品を自由にできるようにして、品質を保証した。また顧客は、豊富な商品を品揃えしている店内を自由に出入りすることもでき、さらに百貨店は、各店舗で商品部門ごとに商品を仕入れて販売する計画を行うという方式を採用した。[3] たとえば、衣料品部門は、衣料品の仕入れと販売を行い、食料品部門は、食料品の仕入れと商品の販売に携わる等である。

（3）日本の百貨店の歴史と類型

日本の百貨店は、1904年に誕生した三越呉服店（現在の三越）が、日本で最初の百貨店といわれている。その後、三越と同様、いくつかの呉服店が百貨店へ転換していく。主な事例として、1910年に松坂屋、1919年に白木屋、松屋および高島屋が誕生し、1920年には大丸などの呉服系百貨店が確立していった。[4]

また日本の百貨店の特徴として、洋服の取扱い、雑貨売場の設置、ショーウインドウや陳列方式の設置、新聞広告等を含む多様な広告や販売促進、高等教育卒業者等の採用、品揃えの拡大と店舗の大型

化および部門別管理組織の採用等があげられる。さまざまな百貨店が誕生していくなかで、1923年に関東大震災が起こり、多くの百貨店がこの震災の影響を受けた。そして、あらゆる百貨店が、百貨店経営の復活に取り組む一方、百貨店間の激しい競争が始まった。また日本経済の発展とともに東京を中心とする大都市の企業に勤めるサラリーマン層が増加した。これを受けて、各百貨店は、一般大衆市場への進出を高め、全国的に波及していくことになった。

　具体的な例として、阪急百貨店、東急百貨店、西武百貨店、東武百貨店および小田急百貨店等が開業していった。これらの百貨店の大きな特徴は、従来の呉服系百貨店ではなく、新たな電鉄系の百貨店ということである。つまり新たな電鉄系の百貨店は、大都市の鉄道網の建設とともに東京を中心とする大都市の企業に勤めるサラリーマン層等の鉄道を利用する顧客を主要なターゲットにしたのである。また、主要な鉄道のターミナルに百貨店の店舗を立地させ、従来の呉服系百貨店とは異なり、鉄道を利用する顧客のニーズに適合させるために大衆的な商品の品揃えを行い、戦後に急成長させた。その後、電鉄系百貨店は、次第に高級化路線の百貨店へと導いた。

（4）日本の百貨店の経営的特徴
　百貨店の仕入れ活動は、買い取り仕入れ、委託仕入れおよび消化仕入れの3つの仕入れ形態がある。買い取り仕入れは、百貨店が仕入れ先から商品を仕入れて、所有権が仕入れ先から百貨店に移り、その後百貨店が、商品を販売するという通常の仕入れである。委託仕入れは、仕入れ先が所有権をもったまま、百貨店で商品を販売する仕入れである。その際百貨店は、販売と保管等の管理の責任をも

つが、売れ残りは、仕入れ先に返品可能である。消化仕入れは、売り上げた商品量だけが仕入れとなり、仕入れの計算を行う仕入れ形態であり、売上仕入れとも呼ぶ。

　百貨店の販売活動は、主に対面販売方式、外商活動、定価販売および派遣店員制等がある。[7] 対面販売方式とは、店舗の店員が、それぞれの顧客に対してワントゥワンの対面で商品説明や支払い等の販売を行う手法である。また店内ではなく、店外で販売活動を行うことを外商活動という。特に企業や官公庁などを対象に店外で販売活動することを法人外商といい、百貨店の店員が高所得者の固定客の自宅に出向いて販売活動することを家庭外商という。派遣店員制は、所有権を持つ仕入れ先の社員が、百貨店の店舗で販売活動を行う。

　百貨店は、仕入れと販売を基軸に、主としてマーチャンダイジング力を用いた戦略経営を強みに競争優位性を獲得した。

（5）百貨店の現況

　日本の百貨店は、戦前から日本の小売業の業界を牽引し、さらに戦後も継続して売上高は増加し続けた。しかし、バブル経済崩壊後は、売上高の減少が続いた。さらに他の小売業態との競争も激しくなった。ついに、2003年から2008年にかけて百貨店業界で生き残りをかけた業界再編が起きた。

　具体例として、2003年に西武とそごうが経営統合して、㈱ミレニアムリテイリングとなり、2006年にセブン＆アイ・ホールディングスがミレニアムリテイリングを買収した。2007年に大丸と松坂屋が経営統合して、Ｊ．フロントリテイリング㈱となり、同年に阪急と阪神が経営統合し、エイチ・ツー・オーリテイリング㈱となった。

2008年に三越と伊勢丹が経営統合して、㈱三越伊勢丹ホールディングスとなった。[8]

　現在も百貨店の経営は厳しい状況にある。ここ数年を見てもさまざまな百貨店で閉店が相次いでいる。特に地方の百貨店の閉店が相次ぎ、今後の地方自治体の対応や商業の空洞化といった地域の街づくりにも大きな影響を及ぼしている。[9]

３．スーパーマーケット

（１）スーパーマーケットとは

　スーパーマーケットは、百貨店のように店員がそれぞれの顧客に接客を行う対面販売方式を行うのではなく、顧客自らがあらゆる商品の選択や移動を行い、最後にレジで精算を一括して済ませるセルフサービス方式を採用している。特に、食料品や日用品を中心に品揃えしている店舗と食料品や日用品だけでなく、衣料品等も含めた総合的な品揃えをしている大規模店舗がある。

　これらのことから、スーパーマーケットは、食料品を中心にしたセルフサービス方式を用いた食品スーパーと総合的な品揃えを行うセルフサービス方式を用いた大型店舗である総合スーパーがある。

（２）世界におけるスーパーマーケットの歴史

　1929年10月、アメリカのニューヨーク証券取引所において株価が暴落したことで引き起こった恐慌は瞬く間に世界中に広がり、世界中が大恐慌に突入した。失業者があふれ、商品はほとんど売れない状態が続く、いわゆるアメリカ発の世界恐慌だった。

　このような厳しいアメリカの経済状況のなか、1930年にニューヨ

ークのロングアイランドで、マイケル・カレンが「キング・カレン」
を創設したことがスーパーマーケットの始まりだった。その後、
「ビッグ・ベア」がスーパーマーケットの第2号店として開設され
た。[10] 世界で最初のスーパーマーケットの特徴は、まず食料品を扱い、
価格をきわめて安く設定したことである。さらにセルフサービス方
式を導入し、巧みな広告、駐車場の設置、商品の斬新な陳列および
広範な品揃え等を行った。[11]

　具体的にみていこう。価格を極めて安く設定した理由は、1929年
のアメリカ発の世界恐慌を背景に、低価格の商品を好む消費者ニー
ズに対応したためであった。またスーパーマーケットは、値段を安
くして、多くのお客様に商品を買ってもらうという薄利多売や低価
格高回転販売を実施した。さらに自社の利益率を高めるために、セ
ルフサービス方式を採用し、人件費を節約しつつ、店舗や設備のコ
ストを徹底的に引き下げることでコスト削減を行った。

　またスーパーマーケットは、商品の品目別にマージン率等を設定
し、商品の低価格を消費者に訴求する目玉商品（ロスリーダー）の活
用を行う、いわゆる販促的価格設定を行いつつ、広範な品揃えを導
入した。さらにその目玉商品（ロスリーダー）を消費者に認知しても
らうための広告を一層活用し、集客力を高めた。また売場効率を高
めることや消費者の目を惹きつける大量陳列を主とする商品の斬新
な陳列を行った。

　スーパーマーケットは、これらの施策を行い、消費者に店舗の低
価格のイメージを訴求し、店舗への集客力を高めつつ、さまざまな
商品を購入してもらうことを狙う、いわば関連購買を高めた。また
この時代のアメリカでは、自動車を保有する家庭が一般化されてい

たため、無料駐車場を設置することで遠く離れた消費者を中心とするさまざまな消費者への集客を高めたのである。

（3）日本におけるスーパーマーケットの歴史

　日本で最初のスーパーは、1953年に東京の青山で開設された紀ノ国屋とされている。その後、生鮮食料品を扱うセルフサービス店のスーパーが全国的に展開される。たとえば、1957年にダイエーが大阪市の千林に主婦の店を開設した[12]。

　その後、1960年代から1970年代にかけて日本は高度経済成長時代となり、今までにはない急速な経済成長を遂げた時代となった。消費者は、日本の高度経済成長により所得が大幅に上昇し、消費意欲を高めた。一方製造業は、新製品の開発を積極的に行い、消費者のニーズに合う商品をより多く提供し、利益を高めた。また小売業は、商品を大量に仕入れて大量に販売を行い、店舗数の拡大を図り、売上を伸ばすことをめざした。

　このような経営環境を踏まえ、スーパーの一部がスーパーマーケットからさらに取扱商品を増やし、品揃えを豊富にした総合スーパーへと発展させた。つまり、総合スーパーは、幅広い種類の商品を取り扱いつつ、低価格、低コストおよび大量販売のセルフサービス方式等の経営手法を用いた業態となった。

　1972年に総合スーパーのダイエーが三越を売上高で上回り、国内最大の小売業へと成長した。1980年代になると、各総合スーパーが小売業売上高の上位を占めたが、1990年代にバブル経済が崩壊し、消費需要が低迷するなか総合スーパーは、業界再編することとなり、厳しい企業経営に直面した[13]。そして、スーパーマーケットは、2000

年以降も引き続き、新たな専門店の台頭等による小売業の業態間競争の激化の影響を受け、"勝ち組"と"負け組"の企業経営が鮮明になってきている。特に総合スーパーは、家電量販店などの専門店との競争が激化しており、各地域への対応策や売場の改装等のあらゆる施策や戦略が重要となっている。[14]

4．コンビニエンスストア

（1）コンビニエンスストアとは

コンビニエンスストアは、加工食品や日用雑貨など約3,000の品目を取り扱いつつ、コピー・サービスや映画等のチケット販売の代行を行う等のさまざまなサービスを行っている。[15]またコンビニエンスストアは、英語でconvenience storeとあらわす。また英語のconvenienceは、都合がいいとか便利という意味である。つまり、コンビニエンスストアは、顧客にとって、便利で都合のいい店舗を示している。

経済産業省『商業統計表』によると、コンビニエンスストアについて、「飲食料品を扱い、売場面積30平方メートル以上250平方メートル未満、営業時間が1日で14時間以上のセルフサービス販売店」としている。[16]

これらのことから、コンビニエンスストアとは、飲食料品を中心とした約3,000品目の品揃えを行い、売場面積30平方メートル以上250平方メートル未満で、セルフサービス販売方式を採用した、顧客の利便性を追求した小売業態といえる。

（2）コンビニエンスストアが成長した背景

コンビニエンスストアが成長した主要な背景として、若者や高齢

者の単身者世帯の増加があげられる。従来の消費者の買い物行動は昼間を中心としていたが、消費者のライフスタイルが多様化したなかで、コンビニエンスストアは、消費者の都合がいいときに、便利に買い物ができるという消費者の買物行動のニーズに適合したことが大きな要因と言えよう。さらに、政府の大規模小売店舗法の改正である。特に売場面積の規制が強化されたことがコンビニエンスストアの展開を高めた要因といえよう。

（3）コンビニエンスストアの経営の仕組み

　コンビニエンスストアのオペレーションの中心は、POSシステムと物流システムである。[17]どのような仕組みを構築したのだろうか。
　コンビニエンスストアの経営の仕組みを考えるために重要なことは、コンビニエンスストアの本来の意味を理解することにある。つまり、コンビニエンスストアのコンビニエンスとは、都合がいいとか便利なお店という意味である。コンビニエンスストアは、それゆえ、顧客にとって便利で、都合のいい店であることを顧客に実感してもらうことでリピーター客の増加に繋がる。どうすれば顧客にとって、都合のいいとか便利な店舗となるのか。それは、顧客が店舗に来店すると、必ず顧客のニーズに適合する商品が店舗に品揃えしてあることである。つまり、飲食料品を中心とした顧客のニーズに合う商品を売場面積30平方メートル以上250平方メートル未満の決められた店舗内に、顧客が必要な商品を、必要なときに、必要な量で、必要な場所に品揃えをしている店舗を実現することである。
　どのようにすれば実現できるのか。まずは、各店舗にPOSシステムという情報システムを導入する。POSシステムを各店舗に導入す

ることで、各店舗の商品単品の販売状況、売れ筋商品や売れない商品の把握を行いつつ、各店舗の売上金の計算が可能になる。さらに、どの商品が、いつ、どれだけ売れたかをリアルタイムで認識し、店舗の品揃えや棚管理等を行うことができる。その際、商品の単品ごとの販売状況等の情報は、コンビニエンスストアチェーンの本部、納品業者や物流センター等に送信され、チェーン本部等が商品の受発注管理、在庫管理および配送管理を行う。これを受けてチェーン本部等が各店舗の需要情報や各商品データを分析し、各店舗の需要状況に応じてタイムリーに各店舗の品揃えを行うことができるように多頻度小口配送や共同配送等のより効率的な物流システムを構築して最適な商品を各店舗に供給する。

　多頻度小口配送とは、納品業者が、小売業の店舗に対し、一度に多くの商品を配送するのではなく、数多くの回数で少しずつ商品を配送する仕組みである。また共同配送とは、納品業者が、それぞれの商品を別々に配送するのではなく、1台のトラックにあらゆる商品を積み合わせて共同に配送する仕組みである。

　このようなPOSシステムを基軸とした情報システムと多頻度小口配送や共同配送を主とする物流システムの実現が、各店舗に必要な商品を、必要な場所へ、必要なときに、必要な量だけ商品を配送することを可能にし、"売れ筋"や"死に筋"商品を把握した店頭の品揃えの最適化が実現できる。またコンビニエンスストアの経営成果は、お客様ニーズに適合する商品を、必要なときに、必要な場所へ、必要な量だけ供給する経営の仕組みを作り上げ、売上を高めることである。つまり、顧客が欲しいと思う商品が、いつでも店頭に品揃えが可能な経営の仕組み作りが重要である。

表 4 - 1　コンビニエンスストア売上高上位 4 社（2018年度）

順　位	社　名	連続／単独	売上高 （百万円）	前年度比伸び率 （％）
1	セブン-イレブン・ジャパン	単　独	849,862	1.9
2	ローソン		657,324	4.1
3	ファミリーマート	単　独	480,361	0.6
4	ミニストップ		206,964	5.1

（出所）日経MJ編（2019）『流通・サービスの最新常識2019 日経MJトレンド情報源』
　　　日本経済新聞社、201ページ。

（4）現在のコンビニエンスストアの動向

　表 4 - 1 は、2018年度のコンビニエンスストア売上高上位 4 社を示している。セブン-イレブン、ローソンおよびファミリーマートの順に続いている。4 位のミニストップの売上高は 3 位のファミリーマートの売上高と比べて 2 倍以上となっており、セブン-イレブン・ジャパン、ローソンおよびファミリーマートの 3 社がコンビニエンスストア上位 3 強になっている。今後は、コンビニエンスストアの国際化（グローバル化）やプライベート・ブランドの展開が注目されよう。

【注】

1）木綿良行・三村優美子（2003）『日本的流通の再生』中央経済社、19-20ページ。

2）田村正紀（2001）『流通原理』千倉書房、212ページ。

3）石原武政・池尾恭一・佐藤善信（1989）『商業学』有斐閣 S シリーズ、135-138ページ。

4）宇野政雄・市川繁・片山又一郎著（1991）『流通業界』教育社新書、99

　　ページ。

5）鈴木安昭・田村正紀（1980）『商業論』有斐閣新書、156-157ページ。

6）宮澤永光・武井寿編著（2004）『流通新論』八千代出版、58-59ページ。

7）宮下正房（2002）『商業入門』中央経済社、72-73ページ。

8）『日本経済新聞』2010年1月27日、『日本経済新聞』2016年10月7日。

9）近年の百貨店の閉店事例として、2017年には、西武筑波店や三越千葉店
　　等の閉店があった。2018年には、十字屋山形店や西武小田原店や伊勢丹
　　松戸店等の閉店が相次いだ。日本経済新聞2018年12月17日。

10）宮下正房（1989）『日本の商業流通』中央経済社、108ページ。

11）鈴木安昭・田村正紀（1980）『商業論』有斐閣新書、160-161ページ。

12）嶋口充輝・竹内弘高・片平秀貴・石井淳蔵（1998）『マーケティング革
　　新の時代④　営業・流通革新』有斐閣、143-144ページ。

13）田村正紀（2008）『業態の盛衰』千倉書房、119ページ。

14）『日本経済新聞』2015年9月18日、『日本経済新聞』2016年1月4日。

15）石原武政・池尾恭一・佐藤善信（1989）『商業学』有斐閣Sシリーズ、
　　151ページ。

16）経済産業省（各年版）『商業統計表』。

17）田島義博・原田英生編著（1997）『ゼミナール流通入門』日本経済新聞
　　社、139-141ページ。

18）日経MJ編（2019）『流通・サービスの最新常識2019　日経MJトレンド
　　情報版』日本経済新聞社、201ページ。

第5章　チェーンストアと商業集積

1．チェーンストアとは

　チェーンストアとは、単一の小売業が店舗を大規模化することや多店舗展開するための経営手法である。その経営の仕組みは、本部となる単一の小売業と本部の管理や統制に従う多数の店舗から構成される。本部は、所有する多数の店舗の仕入れ等の店舗運営を統括し、各店舗は、本部の運営指示に従い店舗運営を行う。百貨店、スーパーマーケット、コンビニエンスストア、ドラッグストア、ホームセンターおよび専門店などのあらゆる小売業の業態でチェーンストアが展開されている。

2．チェーンストアの歴史と展開

　チェーンストアは、いつから展開されたのか。アメリカで、1859年に創業されたA＆Pが、最初に創業したチェーンストアである。その後ウール・ワース、J・C・ペニー等が続いた。チェーンストアは、アメリカで1920年代を中心に発展した[1]。

　日本では、1960年代の高度経済成長期にアメリカのチェーンストア理論を導入し、チェーンストアが本格的に始動した。特に百貨店、スーパーおよび専門店で展開された[2]。

　チェーンストアの構造は、前述したように、本部と店舗がある。チェーンストアの本部は、主として多数の店舗を統一的に管理し、

さまざまな店舗の商品、予算、人事に関わる計画および管理を行う。また各店舗にそれらに関する指示を出し、各店舗を管理する業務等を行う。一方、店を運営する各店舗は、チェーンストアの本部の指示に従って、接客、商品の受発注および陳列等を行い、各店舗の売上を高めるための業務を行う。

チェーンストアを構築する強みは、低価格販売、立地の優位性、優れたマネジメントの能力および大量広告等がある[3]。もう少しさらなる詳細を見てみよう。

単一の小売業が売上を伸ばすために対象とする商圏には限度がある。一方、単一の小売業がチェーンストアの手法で、多数の店舗を展開することにより、あらゆる商圏に商品を販売することが可能となる。つまり、チェーンストアを構築することで新市場の開拓や新たな顧客獲得等の立地の有利性が受けられる。またチェーンストアの本部が、基本的にあらゆる店舗の商品の仕入れをまとめて行うため、本部が所有する店舗が多ければ多いほど仕入れ量が多くなり、規模のメリットが実現できるのである。

これを受け、チェーンストアは、本部で大量の商品の仕入れを一元化する一方、販売は各店舗で管理して行うという仕入れと販売の分離を行う。またチェーンストアは、取引先である製造業や流通業から商品の大量仕入れによる割引を受けること等の単一の小売業にはない有利な取引条件の恩恵を享受できることもある。それゆえ、商品を大量に仕入れ、低価格販売を実現させ、利潤最大化の獲得を狙う。

またチェーンストアは、POSシステム等の情報システムを強化することで各店舗の需要情報をリアルタイムに本部で集約させる。

本部が各店舗のオペレーションや店舗全体の戦略計画を立案する際に、それらの情報を有効に活かす。特にチェーンストアは、本部の商品の仕入れや購買を専門とするバイヤーやマーチャンダイジングを専門とする部署を設けることが多く、各専門スタッフがそれらの情報を分析することで経営の質を高めることを狙う。

　また小売業が多店舗展開することは、消費者への店舗の認知をより一層強め、広告や販売促進の効果を高める。さらに多店舗展開する各店舗のデザインやレイアウトなどの店舗を標準化させることは、オペレーションコストの低下に繋がる。またチェーンストアの多店舗展開ないし店舗の立地を分散させることは、ある商圏や店舗で厳しい経営状況に陥っても多店舗展開している全店舗の収益で企業経営に対応することができ、企業経営のリスク分散にも貢献する。

　一方、チェーンストアを構築する注意点として、多店舗展開が高まれば高まるほど、本部と店舗の意思疎通がうまく対応できなくなること等があげられる。

3．チェーンストアの類型

　図5－1は、チェーンストアを資本様式で分類した図である。チェーンストアには、単一資本で構成されるコーポレートないしレギュラーチェーンと共同資本で行われるボランタリーチェーン、契約に基づいた独立資本で営まれるフランチャイズチェーンと共同出資で運営される協同組合がある。

図5−1　チェーンストアの資本様式による分類

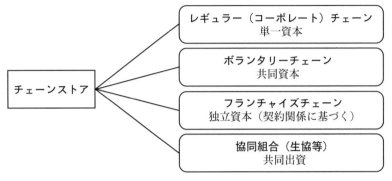

（出所）筆者作成。

（1）レギュラーチェーン（コーポレートチェーン）

　レギュラーチェーンとは、コーポレートチェーンともよばれるチェーンストアである。レギュラーチェーン（コーポレートチェーン）は、本部と店舗が同一資本にあることが特徴であり、単一の小売業が多数の店舗を所有する形態である。各店舗は本部の統制、管理および計画に基づき、店舗運営されるチェーンストアである。スーパーマーケット、家電量販店、ホームセンター、ドラッグストア等のあらゆる業態で行われる経営形態である。チェーンストアの標準的な多店舗展開の手法である。

（2）ボランタリーチェーン

　『流通がわかる事典』（流通経済研究所編著）によると、「ボランタリーチェーンとは、同一業種の小売店が経営の独立性を保ちながら、仕入、販売促進などの事業活動を共同化することで、規模の利益と分業の効率性をとするチェーン組織」としている。⁴⁾

　つまりボランタリーチェーンとは、同じ業種の小売店が、独立性を維持しながら共同で活動を行うチェーン組織である。

　ボランタリーチェーンは、1920年代にアメリカで始まり、発展してきた。ボランタリーチェーンには、小規模の独立した小売業がまとまって本部を設置する小売業主宰のボランタリーチェーンと卸売業が主導となり、小規模の独立の小売業が協力をして本部を設置する卸売業主宰のボランタリーチェーンがある。[5)]

　ボランタリーチェーンの始まりは、1920年代のアメリカでさまざまな小売業がレギュラーチェーン（コーポレートチェーン）等のチェーンストアを構築するなかで、どのようにすれば各独立した小さな小売業がレギュラーチェーン（コーポレートチェーン）等のチェーンストアを構築した小売業との競争に勝ち残り、生き残れるかという視点から構築された。ボランタリーチェーンの特徴は、レギュラーチェーン（コーポレートチェーン）とは異なり、各独立した小さな小売業が垂直的ではなく、水平的かつ緩やかな結びつきを基軸としたチェーンという点である。それゆえ、各独立した小さな小売業は、それぞれの経営資源、経営環境および戦略等に応じて、チェーンの関係性に対し、柔軟に対応できる。

　また各ボランタリーチェーンは、共同活動を行う。つまり、主に共同仕入れ、共同物流および共同配送、共同的な販売促進や情報システムおよびプライベート・ブランドなどの共同商品開発等に取り組む。さらにボランタリーチェーンの主体は、小規模の独立した小売業であるため、地域の消費者とより密な関係を構築し、地域の消費者のさまざまな詳細なニーズや課題を汲み取り、それらに適合した商品の提供を行い、地域に貢献することを重要視していることが

あげられる。

（3）フランチャイズチェーン

　『マーケティング用語辞典』（和田充夫・日本マーケティング協会）に
よると、フランチャイズとは、「フランチャイザー（チェーン本部）
がフランチャイジー（加盟店）を一定の契約に基づいて組織化する
経営形態のこと」としている[6]。

　フランチャイズチェーンは、レギュラーチェーン（コーポレートチ
ェーン）のように本部と店舗が同一資本ではなく、お互いが異なる
資本関係、いわゆる独立資本となり、それぞれの店舗が本部と契約
関係を結ぶことで運営されるチェーンストアである。フランチャイ
ズチェーンの本部をフランチャイザーと言い、また本部と契約関係
を結ぶ店舗をフランチャイジーと呼ぶ。フランチャイズチェーンの
詳細を見ていこう。

　フランチャイザーとは、一般的に自社で開発した商品や小売業の
経営ノウハウを所有するフランチャイズチェーンの本部組織といわ
れる。またフランチャイジーは、この本部が所有する商品や小売業
の経営ノウハウ等の提供を受けて、フランチャイズチェーンに加盟
する店舗である。フランチャイザーは、自社で開発した商品や小売
業の経営ノウハウ等をフランチャイジーに提供し、フランチャイジ
ーは、その見返りに加盟金やロイヤルティーをフランチャイジーに
支払うことを条件とする個別契約を本部と結ぶことで、独立資本の
加盟店としてチェーンを構成する事業者となる。

　フランチャイザーは、これらの契約を数多くのフランチャイジー
と個別契約を個々に結ぶことで、フランチャイズチェーンとして多

店舗展開が可能となる。フランチャイズチェーンの具体的な例として、コンビニエンスストア、ファースト・フードおよび学習塾等がある。

　フランチャイザーがフランチャイズチェーンを構築する利点は、本部が加盟店をコントロールしつつ、多店舗展開することでコストを削減できるとともに、経営に関わる失敗のリスクを抑えることである。また主に仕入れなどによる規模のメリットも享受できる。さらに、短期間で、コストを抑制しつつ、新市場および自社の独自な商品を急速に展開することができる。また加盟店からロイヤルティー収入を得ることができるため、ある一定の収入が確保される。一方、フランチャイジーがフランチャイズチェーンに加盟する利点は、消費者に認知されているブランドを利用できる。消費者に認知されていないブランドで自らが経営することよりもフランチャイザーが所有する消費者に認知されているブランドを利用することで、売り上げが伸ばしやすく、従業員の確保等も比較的容易となる。またフランチャイザーから独自な商品、小売業の経営ノウハウの提供および経営指導等を受けることができるため、あまり企業経営に関する経験やノウハウをもたない事業者でも開業しやすくなる。

　表5－1は、2003年度および2018年度の国内フランチャイズチェーンのデータを示している[7]。

　表5－1の2003年度および2018年度国内フランチャイズチェーンのデータを見てみると、総計のチェーン数、店舗数および売上高は、2003年度から2018年度まで全て増加している。しかし、小売業とコンビニエンスストアを見ると、チェーン数は削減する一方、店舗数や売上高は増加している。

表5−1　2003年度および2018年度国内フランチャイズチェーンのデータ

	チェーン数		店舗数		売上高（百万円）	
	2003年	2018年	2003年	2018年	2003年	2018年
総　計	1,074	1,328	220,710	264,556	17,868,851	26,211,796
小売業	341	331	79,498	110,245	11,912,126	18,582,597
（コンビニ）	33	18	41,114	58,340	7,195,128	11,263,479
外食産業	427	568	53,322	57,743	3,736,077	4,268,819
サービス業	306	429	87,890	96,568	2,220,647	3,360,380

※店舗数は、各チェーンの加盟店・直営店数の合計。
　売上高は、加盟店・直営店の店舗末端売上高。
（出所）一般社団法人　日本フランチャイズチェーン協会（各年版）『フランチャイズチェーン統計調査』。

（4）協同組合（消費生活協同組合）

　消費生活協同組合の起源となる協同組合は、1844年にイギリスのロッチデールで作られた。わが国では、明治時代から展開されることになった[8]。消費生活協同組合は、生協とも呼ばれ、その運営は、1948年に制定された消費生活協同組合法に基づかれる[9]。

　消費生活協同組合の組合員は、消費者である。消費生活協同組合は、株式会社のように株主から構成される資本金を基盤とするのではなく、消費者である組合員の出資金で運営されている。消費生活協同組合は、営利目的ではなく生活の安定と向上を主とする非営利の追求を目的としている。共同購入活動や店舗および個配活動が主要活動である。

４．商業集積

（1）商業集積の視点

　小売業が集まり、消費者の買物ができる場所は、数多くあり、その呼び方もさまざまである。[10]

　『基本流通用語辞典（改訂版）』（宮澤永光監修）によると、「一定の場所や地域に小売業、サービス業、飲食業などが集中した状態をいい、歴史的経緯などからの自然発生的商業集積とディベロッパーなどによる計画的商業集積とがある」としている。[11]

　商業集積とは、多くの小売業等が、ある地域に集まったものである。具体的な形態として、商店街やショッピング・センター等がある。

（2）商店街

　現在、多くの商店街でシャッターが閉まった光景を目にする。商店街の特徴として、食料品等を扱うさまざまな小売店が、街路に沿って、自然に集まって地域として形成されている。[12] また商店街は、それぞれの小売店が歴史的な集積プロセスを経て、形成された。[13]

　これらのことから、商店街は、中小小売店などが連続して立ち並び、歴史的に形成された商業集積である。

　また表５−２は、中小企業庁「商店街実態調査報告書」による商店街の分類を示している。

　この中小企業庁「商店街実態調査報告書」によると、商店街を下記の近隣型商店街、地域型商店街、広域型商店街および超広域型商店街の４つに分類している。[14]

　現在、日本のほとんどの商店街が、停滞ないし衰退傾向にある。

表 5 - 2 商店街の分類

近隣型商店街	最寄品中心の商店街で地元主婦が日用品を徒歩又は自転車等により買い物を行う商店街
地域型商店街	最寄品及び買回り品が混在する商店街で、近隣型商店街よりもやや広い範囲であることから、徒歩、自転車、バス等で来街する商店街
広域型商店街	百貨店、量販店を含む大型店があり、最寄品より買回り品が多い商店街
超広域型商店街	百貨店、量販店を含む大型店があり、有名専門店、高級専門店を中心に構成され、遠距離から来街する商店街

（出所）中小企業庁（2016）『商店街実態調査報告書』。

また商店経営の厳しい状況より、後継者問題もクローズアップされている。[15]

（3）ショッピングセンター

『マーケティング用語辞典』（和田充夫・日本マーケティング協会編）によると、ショッピングセンターについて、「ディベロッパー等によって計画的につくられ、運営される商業集積」としている。[16]

一般社団法人日本ショッピングセンター協会SC経営士会（2013）によると、「ショッピングセンターとは、1つの単位として計画、開発、所有、管理・運営される商業、サービス機能の集合体で、駐車場を備えるものをいう」としている。[17]

これらのことから、ショッピングセンターはディベロッパーが、企画・開発・管理を行う商業集積と見ることができよう。

日本の本格的なショッピングセンターは、1969年頃から開発された「玉川高島屋ショッピングセンター」である。その後数多くのシ

表 5 − 3　2018年末のショッピングセンターの状況

総SC数	3,220
総テナント数	161,960店
1 SC平均テナント数	50店
総キーテナント数	2,928店
総店舗面積	53,193,597㎡
1 SC平均店舗面積	16,520㎡

（出所）一般社団法人『日本ショッピングセンター協会』ホームページ。
（http://www.jcsc.or.jp/sc_data/data/overview，アクセス日：2020.1.09）

ョッピングセンターが構築された[18]。現在のショッピングセンターの状況は、表 5 − 3 の通りである[19]。また現在のショッピングセンターが増加する理由とは、都市に人口が流れ込み再開発が進展していることや工場や事業所の跡地を利用して、再開発がされることとされている[20]。

【注】

1 ）宇野政雄・市川繁・片山又一郎著（1991）『流通業界』教育社新書、88-89ページ。

2 ）鈴木安昭・田村正紀（1980）『商業論』有斐閣新書、159-160ページ。

3 ）大須賀明（1991）『入門商業と流通』昭和堂、63ページ。

4 ）流通経済研究所編著（1985）『流通がわかる事典』、167ページ。

5 ）宮下正房（1989）『日本の商業流通』中央経済社、118ページ。

6 ）和田充夫・日本マーケティング協会編（2005）『マーケティング用語辞典』日経文庫、190-191ページ。

7 ）一般社団法人　日本フランチャイズチェーン協会（各年版）『フランチャイズチェーン統計調査』。

8 ）鈴木安昭（1997）『新・流通と商業〔改訂版〕』有斐閣、185-186ページ。

9）宮下正房（1989）『日本の商業流通』中央経済社、201-202ページ。

10）鈴木安昭（1997）『新・流通と商業〔改訂版〕』有斐閣、155ページ。

11）宮澤永光監修（2007）『基本流通用語辞典（改訂版）』白桃書房、129-130ページ。

12）北島忠男・小林一（1998）『新訂流通総論』白桃書房、70-72ページ。

13）鈴木安昭（1997）『新・流通と商業〔改訂版〕』有斐閣、184ページ。

14）中小企業庁（2016）『商店街実態調査報告書』。

15）渡辺達朗・原頼利・遠藤明子・田村晃二（2008）『流通論をつかむ』有斐閣、161ページ。

16）和田充夫・日本マーケティング協会編（2005）『マーケティング用語辞典』日経文庫、110ページ。

17）一般社団法人日本ショッピングセンター協会SC経営士会（2013）『SC経営士が語る 新ショッピングセンター論』繊研新聞社、11ページ。

18）宮下正房（2002）『商業入門』中央経済社、108ページ。

19）一般社団法人「日本ショッピングセンター協会」HP。

20）『日経MJ』2017年9月8日。

第6章　卸売業の基礎

1．卸売業とは

『マーケティング用語辞典』（和田充夫・日本マーケティング協会編）によると、卸売について、『商品を仕入れ、再販売する行為のうち、消費者以外を販売先とする行為』としている[1]。

Philip, Kotler. and Gary Armstrong (2015) によると、卸売業とは、「再販売もしくは業務用のために購買する顧客に製品やサービスを販売することに関係する活動のすべて」としている[2]。

これらのことから、卸売業とは、生産と消費の間に位置し、生産者から商品を仕入れて、最終消費者以外に販売する事業者と見ることができよう。

2．卸売業の位置づけ

卸売業は、生産と消費の間に位置する。図6－1は卸売業の位置づけの具体例を示している。卸売業は、生産者と小売業の間に位置する場合や生産者と卸売業の間や卸売業と小売業の間に位置する場合等がある。

図6－1　卸売業の位置づけの具体例

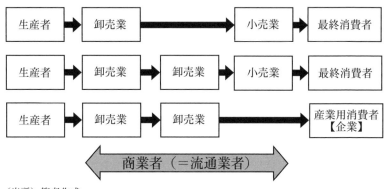

（出所）筆者作成。

3．卸売業の構造

　表6－1は、2002年から2012年までの日本の卸売業の構造を示している。表6－1を見ると、顕著に個人の事業所数が、大幅に減少している。2002年の個人事業所数72,290から2012年の個人事業所数49,815と大幅に減少している。一方、法人の事業所数や全体の事業所数は、大きな変動はないことから個人の卸売業から法人の卸売業へと卸売業が変化している傾向がある。

表6－1　日本の卸売業の構造

| 年 | 事業所数 | | | 従業員数 | 年間商品販売額 |
	計	法　人	個　人	（人）	（百万円）
2002年	379,549	307,259	72,290	4,001,961	413,354,832
2004年	375,269	304,626	70,643	3,803,652	405,497,178
2007年	334,799	273,670	61,129	3,526,306	413,531,672
2012年	371,663	321,848	49,815	3,821,535	365,480,510

（出所）経済産業省（各年版）『商業統計』より作成。

４．卸売業の機能

　卸売業が果たす機能は、（1）所有権移転機能、（2）危険負担機能、（3）情報機能、（4）物流機能、（5）生産・加工機能がある。[3]

（1）所有権移転機能

　卸売業は、一般的にさまざまな生産者から商品を数多く仕入れて、最終消費者以外のあらゆる事業者に商品を販売する。そのため卸売業は、小売業を中心とする顧客のニーズを満たすためにあらゆる商品の品揃えを行う。卸売業の規模や形態によっては、日本や世界のあらゆる生産者の商品を仕入れ、日本や世界のあらゆる消費者に商品を提供する企業がある。また一部の生産者からの商品のみを仕入れて、販売する企業などもある。

（2）危険負担機能

　卸売業は、一般的にさまざまな生産者から商品を数多く仕入れる。しかし、その商品が売れず、在庫が残ったり、利益がなかったり、損害が発生する危険がある。卸売業は、これらの危険負担を担う。一方、卸売業が在庫をバッファーすることで小売業等の事業者に在庫調整を行う機能を果たす。

（3）情報機能

　卸売業は、一般的にさまざまな生産者から商品を数多く仕入れる。それにより卸売業は、商品の生産状況や商品情報等のさまざまな生産者の情報を小売業等への事業者へ伝達する。一方卸売業は、最終消費者以外のあらゆる事業者に商品を販売することにより、さまざ

まな小売業の需要情報を生産者へ伝達する。

（4）物流機能
　卸売業は、最終消費者以外のあらゆる事業者に商品を販売する。
そのため卸売業は、最終消費者以外のあらゆる事業者が必要とする
商品を、必要なときに、必要な場所に、必要な量だけを届ける輸送
や保管などを中心とする物流サービスを担う。

（5）生産・加工機能
　卸売業は、最終消費者以外のあらゆる事業者のニーズに対応する
ため、卸売業の段階で商品の形態を変えたり、商品に簡単な加工を
行ったりすることがある。
　たとえば、お中元やお歳暮等の商品の詰め合わせや包装等があげ
られる。最近では、卸売業が自ら商品の企画を行い、小売業を主と
する最終消費者以外のあらゆる事業者に販売するプライベート・ブ
ランドの商品開発等を手掛けることなどもある。生産・加工機能は、
最近注目されている機能である。

5．卸売業の形態と分類
　卸売業者を分類する基準には、業種（取扱い商品）、流通取引（流通
過程）、商圏、機能およびその他がある。⁴⁾

（1）業種（取扱商品）による分類
①総合卸売業
　総合卸売業は、衣料品、食料品および日用品等のさまざまな商品

を数多く、総合的に取り扱う卸売業である。

②限定卸売業

　限定卸売業は、ある限定かつ専門的な商品だけを取り扱う卸売業である。たとえば、食料品のみ専門的に取り扱う卸売業等がある。

③専門卸売業

　専門卸売業は、限定卸売業よりもさらに限定かつ専門的な商品だけを取り扱う卸売業である。たとえば、食料品のなかでも酒類だけを取り扱う卸売業や菓子だけを取り扱う卸売業がある。

（2）流通取引（流通過程）による分類
①集荷、仲継および分散による分類

　集荷卸売業は、一般的に生産地等で零細かつ小さな生産者から数多くの商品を集める。消費地にある分散卸売業は、集荷卸売業が集荷した商品を消費地の小売業等のニーズに応じて販売する。仲継卸売業は、集荷卸売業と分散卸売業の間に入り、それらを手助けする役割を果たす。

②一次卸、二次卸および三次卸等による分類

　日本の卸売業は、生産から販売に至る流通過程のなかで、1つの卸売業だけではなく、複数の卸売業が取引に関わることがある。その際に、生産者に近い卸売業から一次卸、二次卸、三次卸等と分類する。

（3）商圏による分類

①全国卸売業

　全国卸売業は、全国の市場を対象とする卸売業である。特に大都市に本社を置き、地方に支店や営業所を置く等を行い、全国の卸売業や小売業等との取引をする卸売業である。

②地域卸売業

　地域卸売業は、全国市場を対象としないが、いくつかの都道府県を中心に営業活動を行っている卸売業である。

③地方卸売業

　地方卸売業は、１つまたは２つの県等を限定して営業地域とする卸売業である。

（4）機能およびその他の形態

①完全機能卸売業

　完全機能卸売業は、卸売業のなかでも卸売業の機能のすべてを行う卸売業である。完全機能卸売業のなかでもさらに、取扱商品によって各種商品取扱業者、業種別総品目取扱卸売業者および業種別限定品目取扱卸売業者に分類できる。

●各種商品取扱卸売業

　各種商品取扱卸売業は、商社のような大規模で部門別に組織が形成され、あらゆる商品を品揃えしつつ、各部門の組織が専門卸売業のように機能する卸売業である。

●業種別総品目取扱卸売業

　業種別総品目取扱卸売業は、特定の業種のあらゆる専門的な商品を扱う卸売業である。

●業種別限定品目取扱卸売業

　業種別限定品目取扱卸売業は、特定の業種からさらに特定の商品のみを扱う卸売業である。

②限定機能卸売業

　限定機能卸売業とは、不完全機能卸売業とも言われ、卸売業のなかでも限定した卸売業の機能を行う卸売業である。限定機能卸売業のなかでもさまざまな形態がある。

●現金持帰り卸売業

　現金持帰り卸売業は、別の言い方でキャッシュアンドキャリーや現金問屋とも言われる。卸売業や小売業等の顧客との取引に対し、現金取引しか対応せず、配送等の業務は行わない。顧客が仕入れた商品は、顧客自らが持ち帰ることが特徴である。

●注文取次卸売業

　注文取次卸売業は、卸売業や小売業等の顧客からの注文をメーカー等の生産者に取り次ぎ、その発注した商品をメーカー等の生産者から卸売業や小売業等の顧客へ直接配送させるようにする卸売業である。在庫所持や輸送は行わないが、金融機能や危険負担機能は負う。

●車載販売卸売業

　車載販売卸売業は、トラック等に商品を積み合わせて、それぞれの小売業等の顧客に対して巡回しながら、商品を届けて、現金取引を行う卸売業である。

●ラック・ジョバー

　ラック・ジョバーは、小売業から小売店内の特定の陳列棚を管理したり、委託販売することを任された卸売業である。

●通信販売卸売業

　通信販売卸売業は、小売業等の顧客に対し、カタログ、ダイレクトメールやインターネット等を活用して、商品を販売する卸売業である。店舗かつ営業担当者等の必要がなく、コストがあまりかからない。

③その他

　上記以外にも仲立業、代理商、販売会社や商社等のさまざまな卸売業がある。[5]

●仲立業

　仲立業は、一般的に不特定多数のメーカー等の生産者と卸売業や小売業等の顧客との間で商品の売買に関する仲介をする卸売業である。

●代理商

　代理商は、一般的に特定のメーカー等の生産者と卸売業や小売業等の顧客との間で継続的に商品の調達や販売を行う卸売業である。

●販売会社

　販売会社は、卸売業として独立しつつ、ある特定の製造業の商品のみを販売する卸売業である。

●商　社

　商社は、卸売業のなかでも国内での取引というよりもむしろ貿易や海外との取引が多い卸売業である。さらに、総合的な商品を取り

扱う総合商社とある専門的な商品に特化した商社の専門商社等がある。

　商社の例として、三菱商事、三井物産、住友商事、伊藤忠商事および豊田通商等がある。

６．現在および今後の卸売業の経営視点
（１）資本力の強化

　表 6 − 1 で示したように、現在の卸売業の法人数において、個人卸売業が年々減少していた。一方、日本の小売業も同様に個人経営から法人経営へ増加傾向となっていた。このことから日本の卸売業は、日本の小売業のニーズに応えられるべく、資本力の強化が求められている。

（２）広範囲な全国ないし世界への展開と専門性の品揃え

　日本の小売業が大型化するなかで、大型小売業は、継続的かつより専門的な顧客ニーズに適合する商品の調達と各地への店舗展開による商品対応力を求めている。このため、日本の卸売業は、大規模化による資本力の強化からさらに、全国や世界展開に向けた継続的かつ広範囲な商品供給力および顧客ニーズに適合する専門性の高い品揃えが求められている。

（３）リテールサポートの増強

　リテールサポートの補強、いわゆる小売り支援を強化することは、取引先の小売業の売上増加にともない、自社の売上高増加に繋がる。さらに、取引先の小売業の売上増加は、取引先の小売業と自社との

信頼関係が高まり、継続的な取引へと発展する可能性がある。また
リテールサポートの強化が、他の卸売業との差別化や別の小売業か
らの新規顧客開拓につながる可能性もある。何よりも卸売業は、多
くの商品知識と情報ネットワークを所持していることが強みである
ため、この強みを活かすことが重要となる。具体的なリテールサポ
ートは、売上が上昇するための店舗開発、マーチャンダイジング、
棚割り、陳列、POPおよびレイアウト等の売場活性化の提案等が
あげられる。[6)]

（４）プライベート・ブランドの強化

　卸売業は、自社のあらゆる情報力を駆使したプライベート・ブラ
ンドの商品開発を行い、他社とは異なる差別化されたプライベート
商品の開発に取り組むことで競争優位に立つことができる。特に地
域を対象とした卸売業は、地域独自のニーズを把握し、各地域に適
合するプライベート・ブランドの商品開発に注力することが一層重
要となる。

（５）高度なロジスティクス

　卸売業の機能の１つに物流機能がある。現在の物流機能は、IT
の進展とともにロジスティクスという物流を高度化した戦略概念へ
と発展している。特に、他の物流業にはない卸売業の強みを活かし
たサードパーティ・ロジスティクスへの参入や展開により、さらな
る戦略経営が期待される。

（6）サプライチェーンマネジメントの対応強化

　現在の企業間競争は、原材料の調達、商品開発、生産、販売といった経営機能を物流と情報流で企業間で管理して、顧客満足度を高めて利潤極大をめざすビジネスモデル（経営戦略）であるサプライチェーンマネジメントの構築に焦点が高まっている。このサプライチェーンマネジメントに卸売業がいかに対応し、組み込むことができるかが重要となってきている。

【注】
1 ）和田充夫・日本マーケティング協会編（2005）『マーケティング用語辞典』日経文庫、34ページ。
2 ）Philip, Kotler. and Gary Armstrong（2015）Principles of Marketing, -Global Edition-（16th ed.）, Pearson Education Limited, p.430.
3 ）鈴木安昭（1997）『新・流通と商業〔改訂版〕』有斐閣、194-197ページ。
4 ）大須賀明（1991）『入門商業と流通』昭和堂、143-147ページ。
5 ）宮下正房（1989）『日本の商業流通』中央経済社、139-140ページ。
6 ）宮下正房（1992）『現代の卸売業』日本経済新聞社、133-142ページ。

第7章　物流の基礎

1．物流の概念

　『基本ロジスティクス用語辞典（第3版）』（日本ロジスティクス協会監修）によると、物流とは、「流通の物理的機能である『物的流通』（physical distribution）の省略語」としている。[1]

　また『交通経済ハンドブック』（日本交通学会編）によると、「物流は、流通のうち、ものの物理的な移動に関する活動であり、生産と消費の時間的・空間的懸隔を埋める役割を果たしているとしている。[2]

　つまり、物流とは、流通の一部の機能であることがわかる。次に、日本における物流概念の始まりを考えよう。具体的な日本における物流概念の始まりと日本の高度経済成長の関係を見ていこう。

　日本の高度経済成長において消費者は、景気好調により所得が大幅アップする一方、モノへの欲求が高まった。製造業は、消費者のニーズに合う新製品の開発を増大し、利益を高めた。小売業は、消費者のニーズに合致する商品を店頭に品揃えして、小売店舗数の拡大を図り、売上を伸ばした。つまり、日本の高度経済成長は、日本企業の生産（製造）量や販売量がかつてなく増大した時代であった。ゆえに、製造業が製品をつくれば、小売業がそれを仕入れて販売すると売れる時代だった。しかし、その状況の背後には、今までに経験したことがない国内の貨物量が大幅に増大することがあった。

　ここで、国内の貨物量が大幅に増大した影響について考えてみよう。

たとえば、製造業は、製品をつくろうとしても、国内の貨物量が大幅に増大したことにより、原材料や部品が工場に届かないため、製品がつくれなくなる。また小売業は、仕入れを注文した商品が届かず、店頭に商品の品揃えができなかったり、顧客に商品が届かない等が発生する。そこで、米国で活用されていたphysical distributionという用語を直訳した「物的流通」という概念を日本に取り入れられることになった。国家は、「物的流通」という概念を導入したことで、物流行政、物流制度および物流政策という新たな施策でこれらの課題に対応する施策を立案した。企業は、物流管理、物流システムおよび物流戦略という新たな企業戦略等の構築を行い始めたことから物流という概念が国家および企業に取り入れられて日本に定着していった。

2．物流の機能

物流の機能には、（1）包装、（2）輸送、（3）保管、（4）荷役、（5）情報、（6）流通加工の機能がある[3]。

（1）包　装

包装は、物流を始める最初の重要な役割を果たす。『基本ロジスティクス用語辞典（第3版)』（日本ロジスティック協会監修）によると、包装とは、「物品の輸送、保管、取引、使用等に当たって、その価値および状態を維持するために適切な材料、容器等に物品を収納すること、およびそれらを施す技術または施した状態」としている[4]。

つまり、包装を行ってから輸送や保管等の物流活動が始まる。包装の機能は、保護性、効率性（利便性）、情報伝達および販売促進等

があげられる。包装の保護性とは衝撃、振動や熱等の物理的変質を
防ぐこと、犯罪等の人為的な作為の防止、カビや虫による生物的要
因の防止および光や湿気等の化学的変質を防ぐこと等がある。包装
の効率性（利便性）は、商品の持ちやすさ、リサイクルが可能である
ことおよび商品の識別を可能にすること等があげられる。情報伝達
は、商品情報の表示があげられる。販売促進は、高級感や美しさを
表現する包装によるデザイン性や差別化を行うこと等があげられる。

　包装の分類には、工業包装と商業包装がある。工業包装は、品質
維持（商品の変質と損壊を防ぐ）を行うこと、輸送や保管および荷役
の効率を向上させる役割を果たす。商業包装は、店舗やブランドの
包装紙を例とするように店舗や企業の商品に対する販売促進や購入
者・使用者への情報伝達を主とした商品価値を高める役割を果たす。
また包装は、商品一つ一つに包装を行う個装、個装をまとめた包装
である内装および荷役や保管等に対応した外装がある。外装の代表
例が段ボールである。

　国際物流を行う際に重要な役割を果たす包装機能がコンテナであ
る。『基本ロジスティクス用語辞典（第 3 版）』（日本ロジスティック協会
監修）によると、コンテナとは、「『容器』という意味で、ユニットロー
ドで標準化された形態で輸送を行う容器の総称である」としている。[5]

　コンテナの規格は、20 フィートコンテナと 40 フィートコンテナが
ある。コンテナの種類は、ドライコンテナや冷凍コンテナ等がある。

　コンテナの出現は、包装の発展と高度化に貢献した。つまりコン
テナは、物流機能の 1 つである包装の新製品開発を行った。コンテ
ナの新製品開発について、詳細に見ていこう。

　コンテナ輸送の新製品開発の特徴は、貨物のユニット化（単一化）

が可能となり、ユニットロード・システムを実現させ、ドア・ツー・ドアの輸送が可能になったことである。さらに積替えが容易で、耐久性に優れて反復使用が可能であること等があげられる。

　ドア・ツー・ドアの特徴は、一般的に荷送人の戸口でコンテナに貨物が締められ、コンテナを封印したまま異なる輸送手段間を通じて、一度もコンテナを開封せずに運送人の責任において荷受人に届けられることである。これにより、貨物の安全性の向上と責任の所在が明らかとなる。

　またコンテナは規格が統一され、さらに荷役機械の製品開発も高まったことを受け、積替えが容易となり、コンテナの多段積が可能となった。これらを受け、スペースの利用効率が高まり、荷役時間や港の停泊時間が短縮化されるとともに従来と比べて大量輸送が可能となった。またそれらを受け、包装費、在庫費用、輸送費や荷役費の削減からコンテナの耐久性が優れていることを踏まえ、貨物保険料も軽減されよう。包装の新製品開発であるコンテナは、上記のような、数多くのプラスの効果を国際物流にもたらした。

（2）輸　送
　輸送方式は、トラック輸送、鉄道輸送、海上輸送および航空輸送がある。

　トラック輸送の特徴は、ドア・ツー・ドア輸送が可能なことである。また多頻度小口配送等の迅速かつ柔軟な輸送ができることが強みとなる。一方、トラック輸送は、大量輸送に適していない。また鉄道輸送は、トラック輸送よりも大量輸送に適している。さらに環境に優しい輸送として知られ、モーダルシフト等で利用されること

図 7 − 1 ノードとリンクの関係

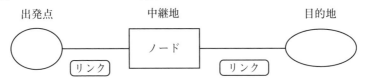

・リンク：輸送経路
・ノード：積み替えの場所・ターミナル
（出所）筆者作成。

が多い。一方、鉄道輸送は、輸送速度が遅く、緊急かつ柔軟性に欠ける。また積み替え等の荷扱いに手間がかかり、コストがかかる。海上輸送は、大量輸送が可能であり、コストが安い。また重量品や大型貨物も輸送可能である。一方、海上輸送は、輸送速度が遅い。航空輸送は、輸送速度は速く、損傷も少ないが、輸送可能な商品に制限があることや重量制限がある。またコストが高く、大量輸送が困難である。

　輸送のコストとサービスの関係を決定する要因は、いかなる輸送ネットワークを構築するかである。輸送ネットワークを構築するためには、ノードとリンクの関係性を考えなければならない。ノードとは、物流センターや倉庫のような結節点であり、リンクは、ノードとノードを結ぶ輸送経路である。つまり、ノードとリンクをいかに設計するかが、コスト削減の鍵となる。

（3）保　管
　保管の具体例は、倉庫や物流センター等があげられる。
　保管の役割は、商品の温度管理や湿度管理、防虫防臭、盗難防止等があげられる。保管は何よりも商品の安全管理や商品の劣化の防

止が重要となる。

　保管の機能には、時間的需給調整機能、価格調整機能輸配送および出荷作業の準備機能があげられる[6]。時間的需給調整機能は、需要と供給の時間的なギャップを調整する機能である。たとえば、災害時に必要なものを備蓄しておき、必要な時にそれを活用する等である。経済活動を安定させつつ、促進させることを果たす。価格調整機能は、大量の商品を市場に供給すると値崩れが生じる。しかし、大量の商品を保管しつつ需要状況に応じて市場に供給すれば値崩れを防止することができる。また、市場での供給不足による価格高騰を防止することができる。また需要予測に基づき、物流センター等に商品を保管しておき、注文があると迅速に出荷および輸配送にとりかかる等の輸配送・出荷作業の準備機能もある。総じて、保管は、モノの流れの時間調整を行う、いわば時間価値の創造を行う。

　保管の形態の中心は、倉庫である。しかし、倉庫の役割が物流に関する顧客ニーズの拡がりや物流システムの発展により多様化している。現在の保管の形態として、物流センター、配送センター、デポおよびロジスティクスセンター等がある。

　物流センターの主要目的は、従来からの保管の役割を基軸としつつ、顧客ニーズに対応するスピーディーな仕分け、在庫調整および商品の高回転率確保等があげられる。現在の物流センターは、従来以上のさらなる物流サービスの向上が期待される。また物流センターは、欠品やミスの排除、配送とのスムーズな連動性および荷動きのより効率的な保管、モノの入出荷の高度な仕組み等が期待される。一方、物流センターよりさらに大型化および情報の高度化が行われ、生産・販売・物流等の経営機能を統合する形態をロジスティクスセ

ンターという。あらゆる保管形態は、商品の性質、量および保管期間から倉庫の立地条件、倉庫内作業および在庫管理等で決定される。

（4）荷　役

荷役（にやく）とは、積卸し、積込み、積み付け、荷揃え、運搬、搬送、ピッキングおよび仕分け等の物流過程におけるモノの取り扱いに関わる総称である。荷役活動は、従来は人手荷役であったが、現在は機械荷役が主流となっている。

機械荷役が主流となる理由は、荷役量が増大していること、荷役時間の短縮の高まり、人件費の削減や他の物流機能とのスムーズな連携が求められているためである。一方フォークリフト、クレーン、自動コンベヤ、自動仕分け機、パレタイザ、ハンディーターミナル、デジタルピッキングおよび自動倉庫等のマテハン業界における荷役機械のさまざまな新製品開発が展開されていることも機械荷役ニーズの高まりの大きな要因と言えよう。荷役のポイントは、スピードアップ、コスト削減、作業の正確性およびミス極小化である。

（5）情　報

物流の情報活動の具体的な例は、店頭での品揃え情報、顧客からの注文に関する情報、棚管理、在庫管理および配車計画等に関する情報がある。物流情報の役割として、受発注情報、在庫情報、入荷および出荷情報、仕入れや調達、生産に関する業務および指示情報、配車情報および物流管理情報等があげられる。

物流に関する情報は、モノの流れを迅速に行い、各物流機能および企業経営全体のモノの流れを円滑にすることが求められている。

物流に関する代表的な情報システムであり、消費者に身近でかつ小売店でとても活用されているシステムが、POSシステムである。POSシステムとは、英語でPoint of Salesといい、販売時点情報管理という意味である。POSシステムの具体的な活用例は、コンビニエンスストアの会計時に、コンビニエンスストアの店員が顧客の購入する商品のバーコードを読み取り、売上金の計算をする等である。POSシステムは、商品の単品管理、レジ業務の迅速化と省力化および販売時点のリアルタイムな情報を取得できる。そのためPOSシステムで得た情報は、リアルタイムな情報を本部や物流センターに送信し、受発注管理、在庫管理、配送管理、売れ筋・死に筋情報、品揃え情報および小売店舗の棚等の商品管理を行うことができる。また需要予測の精度が向上し、単品ごとの的確な仕入れや発注、効率的な棚管理、返品の削減および在庫の削減が可能になる。

　倉庫や物流センターでは、WMS（Warehouse Management System：倉庫管理システム）やTMS（Transportation Management System：輸送管理システム）等を活用する。

　WMSとは、倉庫内におけるオペレーション管理を行うシステムであり、TMSは車両の運行管理や配車設定等を行うシステムである。また、企業間の取引に関する情報を交換する仕組みの1つにEDI（Electrical Data Interchange）がある。EDIは、電子データ交換を意味する。EOS（Electronic Ordering System）は、電子受発注システムのことをいう。

（6）流通加工

　物流センターなどの流通過程では、アパレル製品の検品・検針や

値札付け、精肉や鮮魚のパック詰めや中元・歳暮等のギフトのセット組みなどが数多く行われている。これらのような流通過程のなかで商品の加工を行い、商品の付加価値を高める活動の総称を流通加工という。流通加工は、販売促進（顧客ニーズの適合）、生産および物流効率化および製品差別化等が目的とされる。流通加工は生産と物流の効率化によるコスト削減と顧客サービスを高めた顧客満足度の向上を踏まえつつ、商品の付加価値を高めることが重要である。消費者ニーズの多様化に伴い、流通加工のニーズが高まっている。

3．物流の種類と領域

　企業経営における物流には、それぞれ調達物流、生産物流、販売物流からさらに廃棄物流ないし回収物流とよばれる物流がある。

　調達物流とは、企業経営における原材料や部品を調達するための物流活動を指す。たとえば、自動車を生産する以前に必要な自動車の部品を調達することに関わる。

　生産物流とは、企業の生産活動に関わる物流活動を生産物流という。たとえば、自動車を生産する際に、工場内での部品や半製品等の保管や荷役等のさまざまな物流活動が行われる。

　販売物流とは、企業の販売活動に関わる物流活動を指す。たとえば、工場で自動車を生産した後に、その自動車が各自動車販売店や最終消費者に自動車が運ばれることである。

　廃棄物流ないし回収物流とは、企業経営が行われる際に出現した不良品、リサイクル品や廃棄物等に関する物流全般の活動であり、静脈物流ともいわれる。

4．物流の新たな取り組みと視点

（1）トラックドライバー不足

日本における少子高齢化傾向が高まるなか、物流業界も日本の少子高齢化の影響が高まっている。その代表例が、トラックドライバーの不足である。国内輸送におけるトラック輸送のニーズが高まるなか、トラックドライバーの高齢化が進む一方、若手のトラックドライバーの就業率が低い。そのため、若年層や女性ドライバーの活躍を促進させる動きが広がっている。

（2）共同物流

浜崎章洋（2015）によると、「共同配送とは、荷主企業同士、あるいは荷主と物流事業者などが協力し、異なる企業の貨物を積み合わせて共同便で配送すること」としている。[8]

物流共同化の始まりは、1966年に靴の共同配送と百貨店への納品代行だった。高度経済成長には、交通渋滞や駐停車難等の解決策として、物流行政が、物流共同化に取り組み、その後、企業における物流コストの削減や物流サービスの向上等の物流戦略が注目され、物流共同化が注目された。[9]従来からの共同配送のメリットとして、物流コストの削減、物流の効率化、環境負荷軽減があげられる一方、最近では、ドライバー不足への対策で共同配送が注目されている。[10]

現在の物流共同化は、個別企業が複数集まり共同化を行う事例、業務提携・資本提携を行い物流共同化を構築する事例および貨客（客貨）混載サービスにより物流共同化を行う事例等が増加している。[11]

【注】

1 ）日本ロジスティクスシステム協会監修（2009）『基本ロジスティクス用語辞典（第 3 版)』白桃書房、164ページ。

2 ）日本交通学会（2011）『交通経済ハンドブック』白桃書房、214ページ。

3 ）國領英雄編著（2001）『現代物流概論』成山堂書店、25ページ。

4 ）日本ロジスティクスシステム協会監修（2009）『基本ロジスティクス用語辞典（第 3 版)』白桃書房、176ページ。

5 ）日本ロジスティクスシステム協会監修（2009）『基本ロジスティクス用語辞典（第 3 版)』白桃書房、62ページ。

6 ）中田信哉編著（1997）『入門の入門　物流のしくみ』日本実業出版社、54-55ページ。

7 ）浜崎章洋（2015）『改訂版 ロジスティクスの基礎知識』海事プレス社、68ページ。

8 ）浜崎章洋（2015）『改訂版 ロジスティクスの基礎知識』海事プレス社、100ページ。

9 ）津久井英喜（2010）『よくわかるこれからの物流改善』同文館出版、34-35ページ。

10）浜崎章洋（2015）『改訂版 ロジスティクスの基礎知識』海事プレス社、100-101ページ。

11）日本物流学会『2008物流共同化実態調査研究報告書』、『2012物流共同化実態調査研究報告書』、『2018物流共同化実態調査研究報告書』。

第8章　ロジスティクスの基礎

1．ロジスティクスの語源と由来

　ロジスティクスは、ロジスティーク（logistique）というフランス語の軍事用語を起源とする。そして、ロジスティクス（logistics）という英語へと展開した。ロジスティクスは、もともと、兵站（へいたん）、つまり後方支援を意味する。[1)]

　後方支援は、軍事で勝利をするために重要な役割を果たす。つまり後方支援は、前線の戦場のために、戦場の後方に位置して、本部に戦場状況の情報伝達および後方連絡係の確保を行う。また兵員への食糧や武器等の供給および補給等を任務とする機関であることを意味し、軍事で勝利をするために重要な役割を果たす。それゆえ、軍事作戦や軍事行動を実行および支援する基盤となる。まさにロジスティクスの確立が、軍事作戦や軍事行動の勝利を導く重要な役割を果たし、軍事の長期化・広域化・大規模化・高度化を導くために大きく関与する。

2．軍事用語のロジスティクスから企業経営のロジスティクスへ

　1980年代以降、欧米を中心とした世界中の企業が、国内から海外へ市場を拡大していった。これらの多国籍企業の台頭により、日本の製造業や流通業は、国と国との商品の取引（＝国際貿易）からさらに、自社が海外に進出してビジネスを行うことを試みたのである。

つまり日本企業は、ヒト・モノ・カネ・(技術) 等を海外へ移転させ、海外に生産拠点や販売拠点等を設置する動きを活発化させ、海外直接投資を高めた。海外直接投資を行う狙いは、海外に自社の生産子会社、販売子会社および営業支店等を設置し、グローバル市場で利益を最大化する経営を行うことをめざしたためである。これらにより、多国籍企業と競争を行う基盤をつくった。次に激しいグローバル競争において、自社が他社よりも競争優位性を獲得するための戦略立案が重要となった。その際、"どうすれば自社が他社よりも競争に勝利できるのか"等の「競争・戦い」をキーワードとする『戦略論』が企業経営で注目される。そして、物流論、戦略論および経営学に関わる『ロジスティクス』という学問が重要視されてきた。

3．ロジスティクスとは

　Bowersox et. al (2006) によると、「ロジスティクスマネジメントは、最も低いトータルコストで、原材料と完成品の移動と地理的ポジショニングを制御するシステムを管理および計画する責任に関係する」としている[2]。

　Martin Christopher (2016) によると、「ロジスティクスとは、費用効果的なオーダー履行を通じて、現在と将来の利潤可能性をもたらす経営組織とそのマーケティングチャネルを通じて、原材料、部品および完成品の調達、移動および保管を戦略的に管理するプロセスである」としている[3]。

　上記の内容を踏まえ、ロジスティクスとは、企業の調達・生産・販売といった経営機能を物流と情報流で企業内管理して、顧客満足度を高めて利潤極大をめざしたビジネスモデル (経営戦略) を構築す

ることである。

　日本におけるロジスティクス概念の始まりは、1980年代〜1990年代からである。[4] ロジスティクス概念が始まる背景として、規制緩和、情報インフラの始まりと発展およびグローバル経営と経済の発展が深く関与している。つまり1980年代〜1990年代の日本は、規制緩和が進み、競争が促進され企業間競争が激化した。また情報技術が進展し、情報インフラの始まりと発展が顕著となり、新しいビジネスモデルの出現等が始まった。

　さらに、グローバル経営とグローバル経済が発展し、グローバル経営戦略の構築が進んだ時代である。そこで、従来までの物流管理、物流システムおよび物流戦略の構築といった事業部レベルの物流に関する視点から、物流（モノの流れ）を企業経営の中心に据える、いわばモノの流れを経営戦略として位置づける考え方が出現してきて、ロジスティクスが注目されることとなる。

4．ロジスティクスの構造

　まずは、図 8 − 1 の経営全体を焦点とするロジスティクスである広義のロジスティクスを見てみよう。

　図 8 − 1 は、Lambert. et. al（2005）が示す広義のロジスティクス構造である。[5] 広義のロジスティクスは、インプットである経営資源を投入し、原材料・仕掛品・完成品を通じて、アウトプットである時間と場所の効用や競争優位の獲得等の経営成果を生み出すことである。

　次に図 8 − 2 は、Bowersox et. al（2006）が提示する詳細なモノの流れを中心とする狭義のロジスティクスである。[6]

図8－1　広義のロジスティクス構造

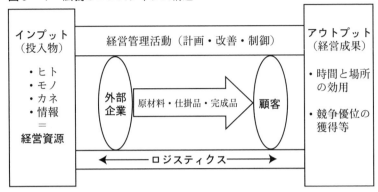

（出所）Lambert, D.M, Grant, D.B, Stock, J.R and Ellram.L.M（2005）
　　　　Fundamentals of Logistics Management, -European Edition- McGraw-
　　　　Hill, p.4をベースに作成。

図8－2　狭義のロジスティクス構造（製造業）

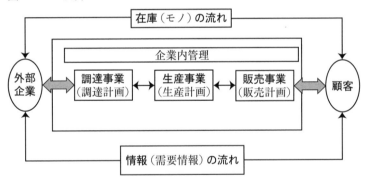

（出所）Bowersox, D.J., Closs, D.J. and Cooper, M.B.（2006）, *Supply Chain
　　　　Logistics Management*, Second Edition, McGraw-Hill, p.31をベースに作成。

　狭義のロジスティクスは、企業の調達・生産・販売といった経営
機能をモノの流れと需要情報の流れで企業内管理したビジネスモデ
ル（経営戦略）を構築することである。

5．ロジスティクスの対象、目的および成果

ロジスティクスの対象は、基本的に製造業、流通業および物流業である。

ロジスティクスの重要な目的の 1 つとして、販売機能の向上（販売コストの削減）、生産機能の向上（生産コストの削減）および調達機能の向上（調達コストの削減）のそれぞれの部分最適ではなく、販売機能の向上（販売コストの削減）、生産機能の向上（生産コストの削減）および調達機能の向上（調達コストの削減）の全てを向上させる（販売・生産・調達のトータルコストの削減）、いわば経営全体の最適をめざすのである。つまりトータルコストを削減することで、経営全体の利益を高めることを目標としている。

ロジスティクスに必要な投入物（インプット）は、ヒト、モノ、カネおよび情報の経営資源である。ロジスティクスの成果（アウトプット）は、トータルコストの削減、時間と場所の効用および競争優位の獲得等である。

6．物流とロジスティクスの相違

基本的な視点として物流は、事業部レベルの意思決定であり、物流コスト削減を狙う。一方、ロジスティクスは経営戦略レベルの意思決定であり、調達、生産、販売の各機能を横断したトータルコストの削減を目標としている。

7．サプライチェーーンマネジメント（SCM）とは

（1）サプライチェーーンマネジメントの台頭

1990年代になると、日本経済はバブル経済崩壊後の不況に苦しみ、

多くの企業が売上を落とし、さらなる不確実性が拡大した。また今まで以上に企業経営のグローバル化、ITの高度化、企業間競争の激化および規制緩和が進展した。

　また新たな企業経営の課題として、製品ライフサイクルの短縮化等の迅速な市場変化への対応やスピード重視の経営からさらに財務業績の向上を狙いとするキャッシュフロー経営の高まりおよび資産の効率化等の厳しい企業経営が必要とされてきた。

　上記のような、新しい企業経営環境の変化からさらに高度な企業経営の課題に対応できる新しいビジネスモデルの構築として、サプライチェーンマネジメントが求められている。Lambert, D.M., Grant, D.B., Stook, J.R. and Ellram, L.M. (2005) によると、サプライチェーンマネジメントについて、「顧客と株主への価値を付加する、製品・サービス・情報を提供し、最初のサプライヤーから最終利用者に至るビジネス・プロセスの統合である」としている。[7] Lambert, D.M., Cooper, M.C., Page, J.D. (1998) によると、サプライチェーンマネジメントのビジネス・プロセスについて、顧客関係管理・顧客サービス管理・需要管理・注文履行・生産フロー管理・調達・新製品開発および広告・リターンチャネルの8つの主要機能としている。[8] つまり、サプライチェーンマネジメントは、ロジスティクスを高度化しつつ、さらに広義な機能を含めたビジネスモデル（経営戦略）である。

（２）ロジスティクスとサプライチェーンマネジメントの相違
　ロジスティクスは、モノの流れを中心とした顧客指向型の利潤極大ビジネスモデル（経営戦略）の構築をめざすことに対し、サプラ

イチェーンマネジメントは、ロジスティクスを基軸とした高度な顧客指向型の利潤極大ビジネスモデル（経営戦略）の構築をめざす。つまりサプライチェーンマネジメントは、ロジスティクスを理解もしくは展開している企業でなければ構築できない。

　またロジスティクスは、調達・生産・販売といった経営機能を対象として、顧客指向型の利潤極大ビジネスモデル（経営戦略）を構築することに対し、サプライチェーンマネジメントは、調達・生産・販売だけでなく、新製品開発機能や商品企画等のマーケティング機能を含めた、顧客指向型の利潤極大ビジネスモデル（経営戦略）を構築する。つまりロジスティクスとサプライチェーンマネジメントでは、ビジネスモデルを構築する際の経営機能の相違がある。

　またロジスティクスは、自社グループ内で調達・生産・販売といった経営機能を管理して、顧客指向型の利潤極大ビジネスモデル（経営戦略）を構築することに対し、サプライチェーンマネジメントは、自社グループを含む他企業と連携して、調達・新製品開発機能（商品企画）・生産・販売といった経営機能を管理して、顧客指向型の利潤極大ビジネスモデル（経営戦略）を構築する。つまり、ロジスティクスは企業内管理を前提にしている一方、サプライチェーンマネジメントは、企業間管理を基軸としているため、管理体系が異なる。サプライチェーンマネジメントは、他の企業とパートナーシップないしアライアンス（提携）もしくは戦略的アライアンスを形成することで確立される。

【注】

1) 中田信哉（2004）『ロジスティクス入門』日本経済新聞社、16-17ページ。

2) Bowersox, D.J., D.J. Closs and Cooper, M.B. (2006), *Supply Chain Logistics Management*, Second Edition, McGraw-Hill, p.22.

3) Martin Christopher (2016), *Logistics and Supply Chain Management*, -fifth Edition-, Financial Times, p.2.

4) 宮下國生（2011）『日本経済のロジスティクス革新力』千倉書房、9ページ。

5) Lambert, D.M., Grant, D.B., Stock, J.R. and Ellram. L.M. (2005) *Fundamentals of Logistics Management*, -European Edition-McGraw-Hill, p.4.

6) 2) と同じ、p.31.

7) 5) と同じ、p.94.

8) Lambert, D.M., Cooper, M.C., Page, J.D. (1998) Supply Chain Management: Implementation Issues and Research Opportunities, *The International journal of Logistics Management*, Vol.9, No.2, p.2.

第9章　物流業の業態展開

１．物流業の業態の視点

小売業には、百貨店、スーパーマーケット、コンビニエンスストアおよび専門店等のさまざまな業態がある。一方、物流業にも小売業と同様、それぞれの業態がある。物流業の主な業態として、キャリア、フォワーダー、インテグレーターおよびサードパーティ・ロジスティクス（３PL）等があげられる。

なぜ、流通業や物流業の業態展開が行われているか。その答えは、製造業や流通業が対象とする顧客のニーズが多様化しているからである。物流業の顧客とは、基本的に製造業や流通業（卸売業および小売業）等の企業であり、ＢtoＢの関係になる。

また個人の消費者の荷物を扱う宅配便や宅急便は、ＢtoＣの関係になる。ここでは、ＢtoＣではなく、ＢtoＢにスポットを当てる。

たとえば、製造業や流通業の物流に関するニーズとは、流通加工に力を入れたい、海外の新しい生産拠点に対応する物流戦略を確立したい、物流コストを削減したいおよび調達物流に関するスピードを速くしたいなど多数ある。つまり物流業は、さまざまな顧客（製造業・流通業）の物流ニーズに対応するために業態展開をしている。

２．キャリア

キャリアとは、自ら所有する運搬具で、実際に運搬する事業者で

ある。キャリアの輸送方式として、自動車（トラック）輸送、鉄道輸送、海上輸送および航空輸送がある。たとえば、日本を代表する鉄道輸送会社は、JR貨物（日本貨物鉄道㈱）があげられる。また日本を代表する船会社として、日本郵船、商船三井および川崎汽船等があげられる。さらに日本を代表する航空会社は、日本航空や全日空等があげられよう。

　製造業や流通業（卸売業および小売業）等が、キャリアを選択する主たる決定因は、スピードとコストの関係性である。

　一般的にスピードが速いとコストがかかり、スピードが遅いとコストがあまりかからない。ただし、たとえば、自動車輸送のように、航空輸送が不可能で海運を用いる等といった貨物の大きさや形状等の特性があるケースや日本から海外にトラックで貨物を運べない等を例とする地理的要因等の特別な理由は除く。

（1）国内貨物輸送
　日本の国内貨物輸送の90％以上が自動車（トラック）輸送に依存している（トン数ベース）。また長距離貨物輸送の場合、自動車（トラック）輸送だけでなく、内航海運や鉄道も選択される。

　日本の国内貨物輸送における自動車（トラック）輸送の特徴および好まれる理由として、スピードの速さ、利便性および運賃の安さがあげられる。スピードの速さは、全国的に高速道路が整備されていることが大きな要因である。利便性は、貨物が荷主（製造業・流通業）の戸口から戸口まで運送人の責任の下で一貫して輸送されるというドア・ツー・ドア輸送が可能であることがあげられる。またドア・ツー・ドア輸送は、戸口から戸口まで運送人の責任の下で一貫

して輸送されるため、荷主（製造業・流通業）は、積み荷の盗難防止やトラブル等があった場合の責任の所在がわかること等の安全・安心な輸送を特徴としている。運賃の安さは、政府が規制緩和をしたために、新規参入業者が増加し、競争が激化したためである。しかし近年、トラックドライバーの不足が喫緊の課題となっている。

　日本の国内貨物輸送における鉄道の特徴は、大量の貨物を長距離輸送するための効果的な輸送手段である。中国やアメリカのように広い国土をもち、鉱物資源や穀物などの長距離輸送が必要な国に適しているが、わが国は国土が狭いため、国内貨物輸送の鉄道利用が少ないのが現状である。

　内航海運の特徴は、原材料の国内輸送を大量かつ長距離に輸送することに適した輸送手段である。内航海運は、国内貨物輸送（トン数ベース）では、鉄道よりも割合が高い輸送手段である。

（2）国際貨物輸送

①海運（海外輸送）

　海運の主な輸送手段と輸送品目について具体的に見てみよう。石油を運ぶ船舶には、タンカーがある。また穀物・鉱石・セメント等のバラ積みを運ぶ貨物船には、バルクキャリアがある。一般的な製品等を運ぶ船舶には、コンテナ船がある。さらに自動車を運ぶ自動車専用船等も含め、あらゆる貨物を船が運んでいる。

　私たちの生活に不可欠な原材料（鉄鉱石・穀物・木材など）やエネルギー資源（原油・石炭・天然ガスなど）のほとんどは、海外に依存しており、それらすべてを安全に、確実に運んでいるのは、海運である。

②空　運

　空運の主な輸送方式は、貨物専用機と旅客機の腹部に貨物を載せて輸送するベリー輸送がある。空運の主な輸送品目の具体例は、半導体の電子部品などを主とする重量が軽く付加価値の高い部品、生鮮食料品等の鮮度が重要となる製品、流行品、緊急を要する製品等の時間価値の高い製品等があげられる。

　空運が発達した背景は、近年の航空機の大型化、製造業の生産拠点や販売拠点の拡大などを中心としたグローバル経営の進展、製品のライフサイクルの短縮化、時間価値の高まり、付加価値の高い製品の増加とそれに伴う運賃負担力の対応等があげられる。

　製造業や流通業による航空貨物輸送を選択する決定因の具体例は、長時間の輸送が困難なケース、新製品や納期遅れの製品等の輸送時間に制約がある製品、荷役を行う際の損傷を危惧する等の海上輸送が好まれないケース等がある。

　海運と空運の相違点まとめてみよう。海運は、あらゆる製品に関する運搬および温度調整が可能である。また原材料の国際輸送をすべて独占していて、安価大量輸送ができる。またスピードは遅いが、コストは安価となる。一方、空運は、限定された製品のみを運搬する。空運は、高価少量輸送が特徴で、スピードは速いが、コストは高くなる。

3．フォワーダー

（1）フォワーダーとは

　キャリアは、運搬具を持つ物流業であることに対し、フォワーダーは、運搬具を持たない物流業である。つまり、フォワーダーは、

船や航空機等の運搬具で自ら運搬を行うキャリアと荷主（製造業・流通業）の間に立って、運送の取り次ぎをしたり、キャリアを活用して運送を行う事業者である。フォワーダーは、日本での歴史は浅いけれども、国々が隣接するヨーロッパでは、国際貿易等で手間がかかる手続き等が必要となり、昔から認識されていた。[3] またフォワーダーは、運搬具を持たず、運搬具に関わるコストが掛からないため、顧客のニーズ等に柔軟に対応することができる長所をもつ。[4]

　日本を代表するフォワーダーとして、日本通運、郵船ロジスティクス、阪急阪神エクスプレス、近鉄エクスプレスおよび西鉄等がある。

（2）フォワーダーの業務内容

　フォワーダーの業務の代表的な例として、以下の業務がある。混載、集配（集荷・配送）、書類作成、情報処理、保管、通関、仕分け、梱包、保険代理業、金融補助サービス、荷役、輸送の調整・組合せ・手配、在庫管理、流通加工およびその他諸手続き等を行う。

　フォワーダーは、自ら実運送手段をもたない。しかしフォワーダーは、実運送（キャリア）を利用することで、顧客ニーズに適合する輸送サービスを提供する。まさにフォワーダーは、荷主（製造業・流通業）のニーズに応じた総合的な物流サービスを提供する。

　近年、航空フォワーダーだけでなく、海運におけるフォワーダー＝NVOCC（No vessel operating common carrier by water）が増加している。

（3）フォワーダーの成長理由

　フォワーダーは、通常、航空フォワーダーを示す。その理由として、通常、航空会社（キャリア）は、貨物中心ではなく、旅客中心の事業展開をしているためである。詳細に見ると、航空会社（キャリア）は、旅客中心のため、貨物に関わるさまざまな業務を他社に委託する。たとえば、個々の荷主への営業や貨物の集荷、さらにそれらの荷役や消費者への配送等の業務は、自社が行うのではなく、それらの業務を専門にする物流業者に委託する。なぜなら、航空会社は、貨物に関わるさまざまな業務を物流業者に委託すれば自社のコア事業に専念することができ、都合がいいためである。それゆえ、今日総合物流サービスを提供する航空フォワーダーが成長した。

（4）フォワーダーの仕組み

　グローバル事業を積極的に展開している製造業や流通業の荷主は、頻繁にグローバルなモノの取引を行うため、通関業務等のグローバルなモノの取引を行う専門部署を設けたり、その仕事を担う人材を雇用している。そのため、物流に関する知識や実務レベルが高く、たとえば、国際物流に関する輸送以外の業務等を自社で担う。

　しかし、あまりグローバルなモノの取引を行わない企業、たとえば中小企業やコア・コンピタンスに集中したい製造業や流通業の荷主等は、自社でグローバルなモノの取引を行う通関業務等の部署を設けたり、そのための人材を雇用したりすることを避ける。なぜなら自社のコストが高くなるためである。そのため、たとえば中小企業やコア・コンピタンスに集中することを望む製造業や流通業の荷主等は、グローバルなモノの流れに関するすべてをフォワーダー等

114

の業者に委託し、フォワーダーを活用するケースを高める。

　つまり、中小企業やコア・コンピタンスに集中することを望む製造業や流通業の荷主等は、グローバルなものの流れをフォワーダーに任せることで、戸口から戸口までの一貫輸送が可能となる。また貨物の国際輸送用の梱包から輸出入の書類作成（通関等の書類）を含めて、すべてをフォワーダーに委託することで国際輸送が可能となるのである。

　またフォワーダーの収益源は、混載差益である。簡潔にいうと、荷主（製造業・流通業）に提示する運賃からキャリアに支払う運賃（諸経費を除く）を除くと収入になる。そのため荷主（製造業・流通業）への営業力が高ければ高いほど、貨物の集荷力が高まるため、より大きな混載差益を獲得でき、利益向上に繋がる。

4．インテグレーター

（1）インテグレーターとは

　インテグレーターとは、一般的に航空会社のキャリアの機能とともにフォワーダーの機能をもつ事業者である。具体的なインテグレーターとして、Fedex（米国）、UPS（米国）、ドイツポスト傘下のDHL（ドイツ）、TNT（オランダ）等があげられる。

　インテグレーターの主な取扱い貨物として、一般的に書類等の少量で小型な貨物等があげられる。

（2）インテグレーターの始まり

　インテグレーターは、1970年代に米国において、IT技術が進化して高度な情報システムが開発されたことや航空事業の規制緩和を

背景に新たな物流業の業態として展開されたといわれている。先駆的な企業は、Fedexである。その後、国内輸送だけではなく、国際的にネットワークを確立し、インテグレーター独自のドア・ツー・ドア輸送を展開している。

（3）インテグレーターの仕組みと運営条件

インテグレーターの輸送の特徴は、ハブ空港の活用にある。具体的に見ていこう。各荷主の貨物を集荷し、その集荷した貨物を各地の空港に運ぶ。その各地の空港からハブ空港に貨物が集められ、それらの貨物をハブ空港で方面別に仕分けを行う。そして、各地の空港へ輸送され、各荷受人の所へ配送する。つまりインテグレーターは、高度な情報システムや自社の航空機や集配車を活用しつつ、空港内等で多くの貨物の仕分けを行う。それゆえ、大規模な設備投資を行うことによる豊富な資金力が必要である。またハブ空港を軸とする情報・交通インフラの設備が重要となる。

5．サードパーティ・ロジスティクス（3PL）

（1）サードパーティ・ロジスティクスとは

製造業や流通業などの荷主企業は、厳しいグローバル競争が激化するなかで、荷主の中心的な業務である製造や販売に集中し、物流等のそれ以外の業務をアウトソーシングしたいというニーズが高まっていった[5]。一方、荷主企業から物流業務を委託された物流業は、物流企画の立案等を行い、顧客志向を強めながらサードパーティ・ロジスティクスへ展開した[6]。

『基本ロジスティクス用語辞典』（JILS監修）によると、サードパ

ーティ・ロジスティクスとは、「荷主企業に対して物流改革を提案し、包括して物流業務を受諾する業務。また、荷主企業に対してその立場に立って、ロジスティクスサービスを戦略的に提供する事業者を活用すること」としている[7]。

　つまりサードパーティ・ロジスティクスは、荷主（製造業・流通業）の委託を受けて、物流のさまざまな活動（物流機能もしくは物流システム）を基軸としたビジネスモデル（経営戦略）を構築する事業者である。特に、荷主企業（製造業・流通業）に対する物流改革の提案業務と包括的な物流業務の受託が主要事業となる。

（2）日本におけるサードパーティ・ロジスティクスの始まりと背景

　日本におけるサードパーティ・ロジスティクスの始まりの背景には、1990年代前半に政府が行った規制緩和が要因としてあげられる。その際、新規の物流業が市場参入する等の物流業間の競争が激化した。さらにバブル崩壊による景気低迷などの影響により、日本全体の貨物輸送の需要量が落ち込んだことが大きな要因となる。

　つまり、あらゆる物流業は、厳しい経営環境に直面するなかで、荷主（製造業・流通業）に対して、付加価値の高い物流サービスを提供し、今までにない他の競争業者との差別化を試みる戦略経営をめざした。これが背景として、物流業の新しい業態およびビジネスモデルとしてサードパーティ・ロジスティクスが注目されていった。

　下記の表 9 － 1 は、2017年度の日本のサードパーティ・ロジスティクスの売上高順位である[8]。その内容を見ると、1 位の日立物流が他社よりも差をつけて売上高が高い。3 位の郵船ロジスティクスの 2 倍以上となっている。ここで注目したい点として、さまざまな物

表 9 - 1　2017年度　日本のサードパーティ・ロジスティクスの売上高順位

（百万円）

順　位	会社名	3 PL高
1	日立物流	4,753
2	センコーグループホールディングス	2,874
3	郵船ロジスティクス	2,000
4	日本アクセス	1,737
5	日本通運	1,700
6	近鉄エクスプレス	1,681
7	SGホールディングス	1,404

出典：「月刊LOGI-BIZ」2018年9月号。

流業の業態がサードパーティ・ロジスティクスの業態に転換していることである。1位の日立物流は、製造業のグループ会社ないし物流子会社である。その他にもSGホールディングス等のキャリアや近鉄エクスプレス等のフォワーダー等が上位に入っている。

（3）サードパーティ・ロジスティクスの特徴

　サードパーティ・ロジスティクスの特徴として、前述したような、①包括的な物流業務受託および②物流改革の提案があげられる。

①包括的な物流業務の受託

　従来からの物流業の業務を考えてみよう。たとえば、国内輸送業務は、国内運輸会社が行う。保管業務は、倉庫会社が展開するといった各物流機能の1つを事業展開とした物流企業が多かった。また製造業・流通業（荷主）の全体的な物流に関する諸活動の運営・管理は、製造業や流通業の荷主が行っていることが基本だった。しか

し、規制緩和の進展、ITの高度化、グローバル競争の激化等のさ
まざまな経営環境が変化しているなかで、製造業や流通業の荷主は、
これらの経営環境に対応すべく自社のコア・コンピタンスに集中し
たいというニーズを高める一方、消費者や小売店舗等の物流に関す
るニーズも多様化および高度化しているため、より専門的かつ高度
な物流サービスを提供することを可能にする物流専門業者に物流業
務を委託したいというニーズが高まり始めた。

　一方、物流業の企業経営環境も厳しくなり、より専門的かつ高度
な付加価値の高い物流サービスを提供して、他社との差別化を示し、
競争優位性を確保したいというニーズが高まった。そこで、物流機
能の１つを事業展開とした企業経営から、たとえば輸送事業と保管
事業の２つの事業を行う物流業の事業展開から輸送事業、保管事業
および情報事業の３つを事業展開する物流業の事業展開等を含めた
製造業・流通業（荷主）の物流機能の諸活動の複数を組み合わせる、
もしくは物流機能全体の物流サービスを事業とした付加価値サービ
スを提供する物流業の業態としてサードパーティ・ロジスティクス
が展開されている。

②荷主（製造業・流通業）に対する物流改革の提案
　前述したように、製造業や流通業の荷主は、自社のコア・コンピ
タンスに集中したいというニーズと小売業等に専門的かつ高度な物
流サービスを提供したいというニーズが高まり始めた。
　一方物流業の企業経営環境も競争が激しくなり、物流業は、より
専門的かつ高度な付加価値の高い物流サービスを提供して、他社と
の差別化を示し、競争優位性を確保したいというニーズが高まった。

そこで物流業が単に製造業・流通業（荷主）からの物流業務を受諾するのではなく、製造業・流通業（荷主）に対して、現在の物流業務の問題点や課題等を指摘しつつ、よりよい問題解決型の物流業務の改善案や物流企画を積極的に提案し、製造業や流通業である荷主の物流戦略の課題を解決し、さまざまな物流業務を改革するコンサルティング業務を行う物流業の業態としてサードパーティ・ロジスティクスが展開されている。

その際にサードパーティ・ロジスティクス事業者が他の物流業との競争に勝ち抜くためには、物流に関する高度な専門知識、企画力および経営分析力等が必要となろう。

（4）サードパーティ・ロジスティクスを展開している企業

サードパーティ・ロジスティクスを展開している企業の特徴を見ていこう。

①キャリア

キャリアの具体例は、SGホールディングス、ヤマトホールディングス、セイノーホールディングス等があげられる。サードパーティ・ロジスティクスを展開しているキャリアは、所有する運搬具を用いた輸配送に関する温度管理、時間指定、貨物追跡やネットワーク力等の輸送に関する付加価値サービスを基軸とした新しいビジネスモデルを構築している。

②倉庫業

倉庫業の具体例は、住友倉庫、三菱倉庫、三井倉庫、安田倉庫等

があげられる。

　サードパーティ・ロジスティクスを展開している倉庫業は、倉庫
業としての保管、入出庫および在庫管理等のノウハウを基軸とした
付加価値サービスを提供した新たなサードパーティ・ロジスティク
スのビジネスモデルを構築している。

③フォワーダー

　フォワーダーの具体例は、日本通運、阪急阪神エクスプレス、近
鉄エクスプレス等があげられる。

　サードパーティ・ロジスティクスを展開しているフォワーダーは、
グローバルレベルでの総合物流サービスを根幹にする付加価値サー
ビスを提供したサードパーティ・ロジスティクスのビジネスモデル
を構築している。

④インテグレーター

　インテグレーターの具体例は、Fedex等があげられる。

　インテグレーターは、他の物流業の業態にはない航空会社のキャ
リアの機能とともにフォワーダーの機能をもつ事業者である。その
ため、サードパーティ・ロジスティクスを展開しているインテグレ
ーターは、豊富な資金力を持ち、仕分けターミナルを活用したハブ
空港を軸とする迅速な国際間輸送を強みとしたサードパーティ・ロ
ジスティクスを構築している。

⑤製造業のグループ会社ないし物流子会社

　製造業のグループ会社ないし物流子会社の具体例は、日立物流、

キューソー流通システムや富士フィルムロジスティクス等の製造業のグループ会社ないし物流子会社等があげられる。サードパーティ・ロジスティクスを展開している製造業のグループ会社ないし物流子会社は、親会社やグループ企業からの大量の貨物を入手することが容易であることや親会社やグループ企業における事業分野の製品の物流に関するノウハウ、設備や機材を所持していること等が強みとして、サードパーティ・ロジスティクスを構築している。たとえば、食品加工会社のサードパーティ・ロジスティクスは、食品加工会社の製品を運ぶための冷凍・冷蔵輸送のノウハウ、設備や機材等を持つことを強みとしてあげられる。

⑥商社・卸売業

　商社・卸売業の具体例は、住友商事　伊藤忠商事および三井物産等があげられる。

　サードパーティ・ロジスティクスを展開している商社や卸売業は、従来から総合的な物流業務をビジネスの強みとしている。またさまざまな物流ノウハウや営業ネットワークおよび優れた営業力を保持しているため、大量の貨物を確保できる。また高度な情報力および金融機能が優れていることも他社との差別化となっている。特に商社は、上記の内容からさらにグローバルネットワークを強みとしたサードパーティ・ロジスティクスを構築している。

⑦その他

　情報技術、情報システムおよび情報ネットワークの構築を強みとする情報システム会社や各専門的知識やノウハウ、さらに実践力を

図9-1　現在のサードパーティ・ロジスティクスへの展開のイメージ

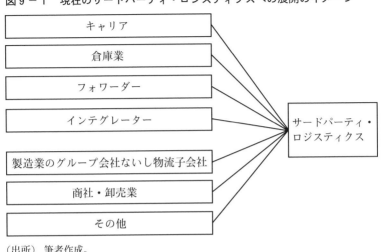

（出所）　筆者作成。

強みとするコンサルティング会社などもサードパーティ・ロジスティクスとして事業展開している。

　サードパーティ・ロジスティクスは、各物流業の業態の経営戦略として、展開されている。また別の業界・業種の企業が、サードパーティ・ロジスティクスを展開する傾向にもある。

（5）新たな製造業、流通業および物流業の関係性
　製造業や流通業は、企業の調達・生産・販売といった経営機能を物流と情報流で企業内管理して、顧客満足度を高めて利潤極大をめざしたビジネスモデル（経営戦略）を構築するロジスティクスや企業の調達・商品開発・生産・販売といった経営機能を物流と情報流で企業間管理して、顧客満足度を高めて利潤極大をめざすビジネスモデル（経営戦略）であるサプライチェーンマネジメントのビジネ

スモデルの構築を高めている。一方、物流業は、その製造業、流通業のロジスティクスやサプライチェーンマネジメントのビジネスモデルに対応するためにサードパーティ・ロジスティクスという物流業の新たなビジネスモデルを展開している。

【注】

1）国土交通省（2018）『自動車輸送統計年報』。

2）政府の規制緩和には、1990年の物流2法の規制緩和などがあげられる。

3）森隆行（2018）『現代物流の基礎〔第3版〕』同文舘出版、138ページ。

4）㈱ジェイアール貨物・リサーチセンター（2004）『日本の物流とロジスティクス』成山堂書房、110-111ページ。

5）三木楯彦（2001）『効率的物流経営のための12章〔改訂版〕』白桃書房、169ページ。

6）宮下國生（2011）『日本経済のロジスティクス革新力』千倉書房、4ページ。

7）社団法人日本ロジスティクスシステム協会監修（2009）『基本ロジスティクス用語辞典（第3版）』白桃書房、70ページ。

8）日刊『LOGI-BIZ』2018年9月号。

第10章　無店舗小売業

1．無店舗小売業とは

　無店舗小売業とは、店舗をもたずに仕入れた商品を最終消費者に販売する事業者である。無店舗小売業には、訪問販売業、自動販売機業および通信販売業がある。

（1）訪問販売業

　『マーケティング用語辞典』（和田充夫・日本マーケティング協会編）によると、訪問販売について、「販売員が直接的に戸別訪問し、販売対象物の説明を行って販売する販売形態」としている。[1]

　わが国で古くからある訪問販売の具体例が、行商である。たとえば、農家の人たちが、個々の民家に農作物を売り歩いたりすることである。農産物以外にも魚や薬の行商等があり、無店舗小売業のなかでもとても古い販売方法である。訪問販売の利点は、店舗をもたない販売のため、店舗をもつよりもコストがかからない。また個々の顧客とのコミュニケーションや交渉による販売を行うため、個々の顧客ニーズに対応できること、それぞれの顧客により詳細な商品説明ができることおよび指名買いやリピーターの増加に繋がりやすいこと等があげられる。

　また訪問販売は、わが国で古くからある商品販売方法の１つであるが、悪質な訪問販売の被害が相次ぎ、1976年に「訪問販売等に関

する法律」が制定された[2]。さらに、あらゆる業種での訪問販売が高まるなか、さまざまな訪問販売に関するトラブルが増加し、特定商取引法（「特定商取引に関する法律」）という法律に改正された。この法律は、特定の商品に対し、契約してから一定期間内であれば契約を解除することができるクーリングオフ制度等の消費者保護や利益の視点にたった制度として整備されている。

（2）自動販売機業

　世界最初の自動販売機は、1925年にアメリカで始まったたばこの自動販売機とされている。そして1925年以降、欧米で徐々に普及した後、1960年以降から日本に自動販売機が導入された[3]。

　表10－1の自動販売機普及台数の推移を見ると、自動販売機の普及台数は、年々減少傾向になっている[4]。また2007年と2018年を比較すると、100万台以上減少している。

　次に、表10－2、表10－3および表10－4の自動販売機機種別普及状況（2018年12月末現在）を見てみよう[5]。自動販売機機種別普及台数のなかで最も多い機種は、飲料自動販売機である（表10－2）。特に飲料自動販売機のなかでも、清涼飲料がほとんどの割合を占めている。その後に、コーヒー・ココア、牛乳および酒・ビールが続いている。次に多い機種は、自動サービス機である（表10－4）。自動サービス機のなかでもコインロッカー等のその他の割合が、最も高い。その後に、自動精算機（駐車場・ホテル・病院他）、両替機と続いている。自動販売機全体を見ると、上述した飲料自動販売機、自動サービス機に続いて、日用品雑貨自動販売機、たばこ自動販売機、食品自動販売機、券類自動販売機と続く（表10－3）。券類自動販売

機のなかでも食券・入場券他が、乗車券よりも高くなっている。

　自動販売機の普及台数が、年々減少傾向になっているが、自動販売機全体のなかでも食品自動販売機、券類自動販売機および自動サービス機は、前年度に比べて上昇している。

表10－1　自動販売機普及台数の推移

年	普及台数（台）	前年比（%）	年	普及台数（台）	前年比（%）
2007	5,405,300	98	2016	4,941,400	98.8
2010	5,206,850	99.8	2017	4,271,400	86.4
2013	5,094,000	100	2018	4,235,100	99.2

（出所）一般社団法人　日本自動販売システム機械工業会（2018）『普及台数』。

表10－2　自動販売機機種別普及台数①（2018年12月末現在）

機　種	中身商品	普及台数（台）	前年比（%）
飲料自動販売機	清涼飲料	2,120,000	99.5
飲料自動販売機	牛　乳	126,900	95.1
飲料自動販売機	コーヒー・ココア（カップ式）	154,000	98.5
飲料自動販売機	酒・ビール	22,900	95.8
飲料小計		2,423,800	99.2

（出所）一般社団法人　日本自動販売システム機械工業会（2018）『普及台数』。

表10－3　自動販売機機種別普及台数②（2018年12月末現在）

機　種	中身商品	普及台数 （台）	前年比 （％）
食品自動販売機	インスタント麺・冷凍食品・ アイスクリーム・菓子	72,000	100.1
たばこ自動販売機	たばこ	153,300	89.5
券類自動販売機	乗車券	15,200	103.4
券類自動販売機	食券・入場券他	43,200	106.7
券類小計		58,400	105.8
日用品雑貨自動販 売機	カード・衛生用品・新聞・玩 具他	230,300	96.5
自動販売機合計		2,937,800	98.6

（出所）一般社団法人　日本自動販売システム機械工業会（2018）『普及台数』。

表10－4　自動販売機機種別普及台数③（2018年12月末現在）

機　種	中身商品	普及台数 （台）	前年比 （％）
自動サービス機	両替機	66,900	103.6
自動サービス機 小計	自動精算機（駐車場・ホテル・ 病院他）	157,400	100.9
自動サービス機	その他（コインロッカー・各 種貸出機他）	1,073,000	100.3
自動サービス機小計		1,297,300	100.5
合　計		4,235,100	99.2

（出所）一般社団法人　日本自動販売システム機械工業会（2018）『普及台数』。

（3）通信販売業

　　『基本流通用語辞典（改訂版）』（宮澤永光監修）によると、通信販売について、「顧客に対して、カタログ、新聞広告、テレビ放送、インターネットなどの非人的なメディアを通して、商品やサービスの情報を提供し、注文を獲得することのできる無人店舗による販売

図10−1　個人のインターネット利用者数の推移

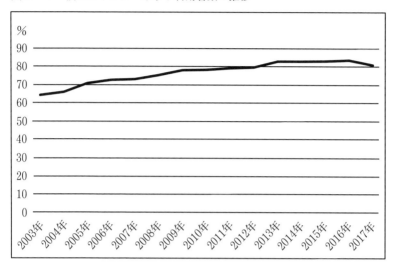

（出所）総務省（2018）『平成29年通信利用動向調査』。

活動である」としている。[6]

　ここで、通信販売のなかでもインターネットの販売について見て
みよう。

　図10−1の総務省『平成29年通信利用動向調査』によると、個人
のインターネット利用者数の割合が、2003年に64.3％だったのが、
2016年には、83.5％まで上昇している。[7]日本における個人のインタ
ーネット利用者数は、2013年以降になると８割以上となっている。
インターネットを利用した商取引の可能性や発展性が窺える。

２．ｅコマース（電子商取引）とは
（１）ｅコマース（電子商取引）の種類

　ｅコマース（電子商取引）とは、インタネットを通じた商取引とい

えよう。

　eコマース（電子商取引）の主な構造として、BtoC、BtoBおよびCtoCがあげられる[8]。

　BtoCとは、Business to Consumerを略しており、企業と消費者のインターネットを通じた商取引である。BtoBは、Business to Businessを意味しており、企業と企業のインターネットを通じた商取引である。CtoCは、Consumer to Consumerであり、消費者と消費者のインターネットを通じた商取引である。

　ここでは、BtoCとCtoCの詳細を見ていこう。

（2）BtoCの市場
①BtoCの市場規模と商品分野の比率

　図10－2は、BtoCの市場規模とEC化率の推移を示している[9]。経済産業省『平成30年度　我が国におけるデータ駆動型社会に係る基盤整備（電子商取引に関する市場調査）』によると、EC化率について「電話、FAX、Eメール、相対（対面）等も含めた全ての商取引金額（商取引市場規模）に対するEC市場規模の割合」としている[10]。

　図10－2のBtoCの市場規模を見ると、2010年は、7兆7,880億円の市場規模であったが、2018年には、17兆9,845億円となり、2倍以上も増加している。つまり、企業と消費者のインターネットを通じた商取引が高まっていることがわかる。またEC化率は、2.84％から6.22％まで増加している。それゆえ、商取引全体のなかでインターネットを介した商取引の消費者ニーズが高まっている。

　表10－5は、BtoCの市場規模と各分野の割合を示し、また表10－6、表10－7、表10－8は各分野の詳細を示している[11]。2017年のB

図10－2　ＢtoＣの市場規模とEC化率の推移（単位：億円）

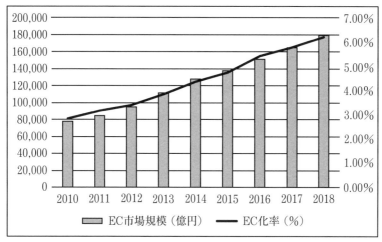

（出所）経済産業省（2019）『平成30年度　我が国におけるデータ駆動型社会に係る基盤整備（電子商取引に関する市場調査）』。

表10－5　ＢtoＣの市場規模と各分野の構成比率

	2017年	2018年	伸び率
物販系分野	8兆6,008億円 （EC化率5.79%）	9兆2,992億円 （EC化率6.22%）	8.12%
サービス系分野	5兆9,568億円	6兆6,471億円	11.59%
デジタル系分野	1兆9,478億円	2兆382億円	4.64%
総　計	16兆5,054億円	17兆9,845億円	8.96%

（出所）経済産業省（2019）『平成30年度　我が国におけるデータ駆動型社会に係る基盤整備（電子商取引に関する市場調査）』。

toＣ市場の総額は、16兆5,054億円である。一方、2018年のＢtoＣ市場の総額は、17兆9,845億円であり、8.96％伸びている。また、各分野で見てみると、物販系分野では、8.12％上昇している。サービス系分野は、11.59％上昇し、デジタル系分野も4.64％伸びている。

表10-6　物販系分野におけるＢtoＣの市場規模

	2017年市場規模（億円）	2018年市場規模（億円）
①食品・飲料・酒類	15,579	16,919
②生活家電・AV機器・PC・周辺機器等	15,332	16,467
③書籍・映像・音楽ソフト	11,136	12,070
④化粧品・医薬品	5,670	6,136
⑤生活雑貨・家具・インテリア	14,817	16,083
⑥衣服・服装雑貨等	16,454	17,728
⑦自動車・自動二輪車・パーツ等	2,192	2,348
⑧事務用品・文房具	2,048	2,203
⑨その他	2,779	3,038
合　計	86,008	92,992

（出所）経済産業省（2019）『平成30年度　我が国におけるデータ駆動型社会に係る基盤整備（電子商取引に関する市場調査）』。

各分野のなかでもサービス系分野が最も上昇している一方、すべての分野で増加している。

　表10-6を見ると、2018年の物販系分野で特に市場規模が大きいのは、①食品・飲料・酒類、②生活家電・AV機器・PC・周辺機器等、③書籍・映像・音楽ソフト、⑤生活雑貨・家具・インテリア、⑥衣服・服装雑貨等である。これらは、ほぼ同様の市場規模であり、それ以外の物販系分野と1桁以上の差をつけて高い。その後に、④化粧品・医薬品、⑨その他、⑦自動車・自動二輪車・パーツ等、⑧事務用品・文房具等が続く。すべての分野で上昇傾向にある。

　表10-7を見ると、2018年のサービス系分野で特に市場規模が大

表10－7　サービス系分野におけるＢｔｏＣの市場規模

	2017年市場規模（億円）	2018年市場規模（億円）
①旅行サービス	33,724	37,186
②飲食サービス	4,502	6,375
③チケット販売	4,595	4,887
④金融サービス	6,073	6,025
⑤理美容サービス	4,188	4,928
⑥その他	6,486	7,070
合　計	59,568	66,471

（出所）経済産業省（2019）『平成30年度　我が国におけるデータ駆動型社会に係る基盤整備（電子商取引に関する市場調査）』。

表10－8　デジタル系分野におけるＢｔｏＣの市場規模

	2017年市場規模（億円）	2018年市場規模（億円）
①電子出版	2,587	2,783
②有料音楽配信	573	645
③有料動画配信	1,319	1,477
④オンラインゲーム	14,072	14,494
⑤その他	928	984
合　計	19,478	20,382

（出所）経済産業省（2019）『平成30年度　我が国におけるデータ駆動型社会に係る基盤整備（電子商取引に関する市場調査）』。

きいのは、圧倒的に①旅行サービスである。次に⑥その他、②飲食サービスや④金融サービスが続く。

　表10－8を見ると、2018年のデジタル系分野で特に市場規模が大きいのは、群を抜いて④オンラインゲームである。その後に①電子出版や③有料動画配信が続く。すべての分野で上昇傾向にある。

2018年のＢｔｏＣのあらゆる分野のなかで最も市場規模が高いのは、サービス系分野の①旅行サービスである。次に、物販系分野の⑥衣服、服装雑貨等、①食品・飲料・酒類、②生活家電・ＡＶ機器・ＰＣ・周辺機器等、⑤生活雑貨、家具、インテリアおよびデジタル系分野の④オンラインゲームが続く。しかし、サービス系分野の①旅行サービスとそれに続く物販系分野の⑥衣服、服装雑貨等、①食品・飲料・酒類、②生活家電・ＡＶ機器・ＰＣ・周辺機器等、⑤生活雑貨、家具、インテリアおよびデジタル系分野の④オンラインゲームでは、２倍以上の差がある。

　図10－3は、スマートフォン経由の物販系分野におけるＢｔｏＣの市場規模を示している[12]。2018年の物販のＢｔｏＣの市場規模は、前述のように9兆2,992億円である（表10－5）。ｅコマースのうちスマートフォン経由が3兆6,552億円で39.3％を占めている（図10－3）。ｅコ

図10－3　スマートフォン経由の物販系分野におけるＢｔｏＣの市場規模
　　　　　（単位：億円）

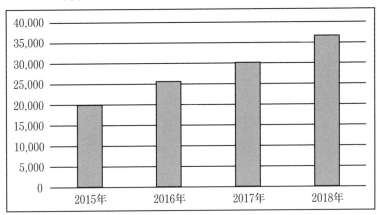

（出所）経済産業省（2019）『平成30年度　我が国におけるデータ駆動型社会に係る基盤整備（電子商取引に関する市場調査）』。

マースのなかでもスマートフォン経由の物販系ＢtoＣの市場規模は、年々増加傾向にある。

②ＢtoＣの種類

　ＢtoＣには、最も一般的な形態であるインターネットを通じて、消費者に商品を販売するWebサイトのオンラインショップ（電子商店）やさまざまな異なるオンラインショップが集合するWebサイトのオンラインモール（電子商店街）がある。たとえば、楽天やアマゾン等が代表例であげられる。さらに電子書籍、オンラインゲームにも拡がっている。

　またＢtoＣのなかでも、企業と消費者の関係からさらにその企業と消費者の間に企業を介したインターネットを通じた商取引であるＢtoＢtoＣも拡大してきている。たとえば、じゃらんや楽天トラベル等があげられる。つまり、あるホテルや旅館が、自社のWebサイトで直接消費者から宿泊等の予約を受けることからさらに、じゃらんや楽天トラベル等のWebサイトからも宿泊等の予約を可能にしている。

（３）ＣtoＣの市場
①ＣtoＣの種類

　ＣtoＣの種類のなかでも代表的なものが、ネットオークションやフリマアプリである。図10－４と図10－５は、各推定市場規模を示している[13]、ネットオークションの具体例として、ヤフオク！等がある。またフリマアプリの具体例として、メルカリ等がある。

　図10－４のネットオークションの推定市場規模を見てみると、2016年は、9,987億円だったのが、2018年は、１兆133億円となり、

図10- 4　ネットオークションの推定市場規模（単位：億円）

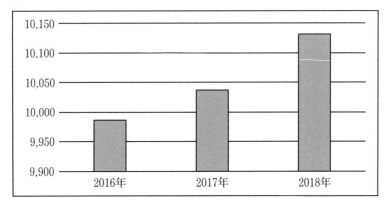

（出所）経済産業省（2019）『平成30年度　我が国におけるデータ駆動型社会に係る基盤整備（電子商取引に関する市場調査)』。

図10- 5　フリマアプリの推定市場規模（単位：億円）

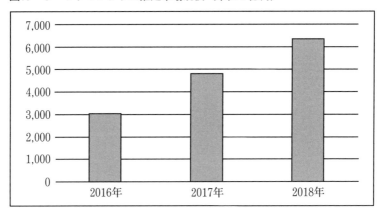

（出所）経済産業省（2019）『平成30年度　我が国におけるデータ駆動型社会に係る基盤整備（電子商取引に関する市場調査)』。

年々増加傾向にある。

　図10- 5のフリマアプリの推定市場規模を見てみると、2016年は、3,052億円だったのが、2018年は、6,392億円となり、2倍近くまで

増加している。このことから、CtoCの市場が拡大傾向にあること
がわかる。

3．eコマース（電子商取引）に関わる新たな展開

（1）オムニチャネル

①オムニチャネルとは

　経済産業省『平成26年度　電子商取引に関する市場調査』による
と、オムニチャネルについて「消費者がこれらの複数のチャネルを
縦横どのように経由してもスムーズに情報を入手できる購買へと至
ることができるための、販売事業者によるチャネル横断型の戦略や
その概念、および実現のための仕組み」としている。このことから、[14]
オムニチャネルは、顧客がネット販売を中心としつつ、あらゆるチ
ャネルないし小売業の業態で買い物ができるとともに、企業もそれ
らの情報を総合的に管理・統制することができる仕組みづくりとな
っている。

②オムニチャネルへの展開と進化

　全米小売業協会によると、オムニチャネルの発展プロセスについ
て、シングルチャネル、マルチチャネル、クロスチャネル、オムニ
チャネルへの展開としている。オムニチャネルの発展プロセスを具[15]
体的に見ていこう。

　インターネット販売が始まる以前の企業と消費者の接点は、一般
的に店舗だけだった。つまり、消費者は、店舗に出向いて商品を購
入するという単一販売の接点（チャネル）だった。いわゆるシング
ル・チャネルである。ところが、インターネット販売が普及するに

つれて、企業が、従来からの店舗販売とインターネット販売等の複数の販売チャネルを取る形態、つまりマルチ・チャネルへと展開され、企業と消費者との接点が拡大した。

　たとえば、消費者が、店舗に出向いて商品を購入することや消費者が、カタログを見て商品を購入することからさらに、消費者がインターネットを活用して消費を購入することができるようになった。しかしマルチ・チャネルの特徴として、消費者は、企業と複数の接点をもつことができるが、企業側の運営として、それぞれの企業と消費者の接点は独立に運営され、それぞれが連携していない状況であった。

　つまり消費者と企業の関係は、シングル・チャネルと同様に、１：１の関係のままである。それが、クロス・チャネルになると、消費者が、店舗、ネットおよびカタログ等の複数の販売チャネルを横断（クロス）して活用できる形態へと発展した。たとえば、インターネットで購入した商品を実店舗で受け取るなどができるようになり、顧客にとって利便性の高い仕組みが可能になった。しかし、マルチ・チャネルからクロス・チャネルへと販売チャネルを横断（クロス）して活用できる形態へと発展したが、顧客管理の一元化はできていなかった。それらを克服したのが、オムニチャネルである。

　オムニチャネルは、企業側からすると、あらゆるチャネルで商品を販売することが可能になるため、販売機会が高まる。さらに、顧客管理が一元化でき、コスト削減や顧客サービスの高度化につながる。また顧客から見ても、欲しい商品があらゆるチャネルで購入することができるようになる。ただし、これらを実現するためには、オムニチャネル全体を結ぶ情報ネットワークとサプライチェーンの

構築が必要となる[16]。

（2）消費者購買意思決定プロセスの高度化

　1920年代に提唱された一般的に有名な消費者購買行動プロセスに
AIDMA（アイドマ）がある。一方、現在のインターネット時代の消
費者購買行動プロセスにAISAS（アイサス）が電通から提唱され、
従来のAIDMAとは異なる消費者購買行動プロセスが適用される[17]。

①AIDMA

　AIDMA（アイドマ）は、消費者購買行動プロセスについて、Atten-
tion（気づき・注意）、Interest（興味・関心）、Desire（欲求）、Memory
（記憶連想）、Action（行動・購入する）の5段階で行われるフレームワ
ークを示す。たとえば、街を歩いていて、ポスター等のプロモーシ
ョンを見たり、実際に商品を見て、注意をひき、目に留まる。そし
て、さらにその商品に興味がひかれ、実際に欲しいと思うようにな
る。その商品を記憶しながら、購買するか否かを検討する。最後に、
購買の意思が固まったら購買行動を起こすという流れである。

②AISAS

　AISAS（アイサス）は、消費者購買行動プロセスについて、Atten-
tion（気づき・注意）、Interest（興味・関心）、Search（情報探索）、Action
（行動・購入する）、Share（情報・意見の共有）の5段階で行われるフレ
ームワークを示す。たとえば、街を歩いていて、ポスター等のプロ
モーションを見たり、実際に商品を見て、注意をひき、目に留まる。
そして、消費者が興味をもった商品をすぐにスマホ等で検索し、購

買するか否かを検討する。最後に、購買の意思が固まったら購買行動を起こす。さらに、SNS等を活用し、商品を購入して使用した後の意見交換等を行うShare（情報・意見の共有）を行うという流れである。AIDMA（アイドマ）とAISAS（アイサス）の違いは、プロセスの違いはもちろんのこと、AISAS（アイサス）は、スマホやパソコン等での商品の検索を行うSearch（情報検索）が消費者の購買行動にとても影響を与えていることやSNS等で消費者の商品購買後の意見交換を行うShare（情報・意見の共有）が他の消費者の購買行動に影響を与えるようになることである。

【注】

1）和田充夫・日本マーケティング協会編（2005）『マーケティング用語辞典』日経文庫、204ページ。
2）北島忠男・小林一（1998）『新訂流通総論』白桃書房、59ページ。
3）宮下正房（1989）『日本の商業流通』中央経済社、197ページ。
4）一般社団法人日本自動販売システム工業会（2018）『普及台数』。
5）一般社団法人日本自動販売システム工業会（2018）『普及台数』。
6）宮澤永光監修（2007）『基本流通用語辞典（改訂版）』白桃書房、193ページ。
7）総務省（2018）『平成29年　通信利用動向調査』。
8）田村正紀（2008）『業態の盛衰』千倉書房、224ページ。
9）経済産業省（2019）『平成30年度　我が国におけるデータ駆動型社会に係る基盤整備（電子商取引に関する市場調査）』。
10）経済産業省（2019）『平成30年度　我が国におけるデータ駆動型社会に係る基盤整備（電子商取引に関する市場調査）』。
11）経済産業省（2019）『平成30年度　我が国におけるデータ駆動型社会に係る基盤整備（電子商取引に関する市場調査）』。
12）経済産業省（2019）『平成30年度　我が国におけるデータ駆動型社会に係る基盤整備（電子商取引に関する市場調査）』。

13）経済産業省（2019）『平成30年度　我が国におけるデータ駆動型社会に係る基盤整備（電子商取引に関する市場調査）』。

14）経済産業省（2014）『平成26年度　電子商取引に関する市場調査』。

15）National Retailing Federation. Mobile Retail Initiative（2011）*Mobile Retailing Blueprint : A Comprehensive Guide for Navigating the Mobile Landscape, Version 2.0.0.* pp.1-4.

16）田村正紀（2019）『流通モード進化論』千倉書房、269ページ。

17）電通「クロスメディア開発プロジェクト」チーム（2008）『クロスイッチ─電通式クロスメディアコミュニケーションのつくりかた─』ダイヤモンド社、67-74ページ。

第11章　プライベート・ブランドの基礎

1．プライベート・ブランドとは

　『流通がわかる事典』（流通経済研究所編著）によると、「プライベート・ブランドとは、流通業者によってつけられたブランド」としている。[1]

　Philip, Kotler. and Gary Armstrong（2015）によると、プライベート・ブランドとは、「ある製品もしくはサービスの流通業者によって開発および所有されるブランド」としている。[2] 具体的には、イオンの「トップバリュ」やセブン＆アイの「セブンプレミアム」等がある。

　これらのことから、プライベート・ブランドは、商業者ないし流通業が所有し、管理するブランドと言えよう。またプライベート・ブランドの起源は、近代小売業の歴史と同様に古く、注文服やベーカリー等の製造小売業分野で行われてきた。[3] いち早くプライベート・ブランドの開発に取り組んだ流通業はダイエーといわれている。[4]

2．プライベート・ブランドとナショナル・ブランドの相違点

　『マーケティング用語辞典』（和田充夫・日本マーケティング協会編）によると、ナショナル・ブランドとは、「製造業者や生産者が製造し、保有・管理するブランド」としている。[5]

　『基本流通用語辞典（改訂版）』（宮澤永光監修）によると、ナショ

ナル・ブランドとは「製造業者が設定・所有・管理し、自社製品に付与するブランド」としている。[6]

　ナショナル・ブランドの具体例として、日清食品の「UFO」やアサヒビールの「スーパードライ」等がある。

　つまりナショナル・ブランドとプライベート・ブランドの違いについて、ナショナル・ブランドは、製造業が所有して管理するブランドであり、プライベート・ブランドは、商業者ないし流通業が所有して管理するブランドである。

3．プライベート・ブランドを導入する理由

　小売業等がプライベート・ブランドを導入する理由は、小売業者間の競争が激しいなか、消費者の低価格ニーズの高まりとそれに伴う低価格販売競争への対応、利潤の拡大、商品の差別化およびストアロイヤルティの向上を図りたいため等があげられる。

　小売業を中心に具体的に考えてみよう。ナショナル・ブランドを低価格で販売するためには、ナショナル・ブランドの商品を大量に仕入れて、大量に販売しなければならない。しかし、それでは小売業の商品の利益率は低く、また長期間にわたり、ナショナル・ブランドを低価格で販売することは厳しい。また他の小売業でも同じナショナル・ブランドの商品を販売していることが多く、価格競争力だけでなく、競争相手との差別化という視点でも自社が他社よりも優位性を持つことが困難となる。

　一方、プライベート・ブランド製品は、自社独自で商品開発を行う製品であり、自社に関わる店舗でしか購買することができない商品のため競争相手との商品の差別化が実現できる。またナショナル・

ブランド製品のように他店との競争によって、価格を下げて、利益を削りながら顧客を誘引する必要はない。さらに、自社独自で商品開発を行うため、自社のマーケティング能力が高ければ高いほど、自社の利益が高まる。

　小売業がプライベート・ブランド商品を開発することを可能にする大きな要因の1つが、POSシステム等を導入することで顧客の需要情報や購買情報を入手することができることにある。詳細に見ると、製造業は、アンケート調査等で顧客ニーズをつかむケースが多く、小売業は、POSシステム等で顧客ニーズを把握する。しかし、小売業が導入するPOSシステム等の顧客の需要情報や購買情報のほうが、アンケート調査よりも基本的にリアルタイムな情報かつ正確といわれる。つまり小売業は、このようなPOSシステムで得たリアルタイムかつ正確な情報を基軸として、原価や売価も自社で決めることができるプライベート・ブランドの商品開発を行う。また営業や広告宣伝等のプロモーション活動費は、自社の店頭に置く商品のため最小限にとどめる。

　まとめてみよう。プライベート・ブランド商品を開発および販売するほうが、ナショナル・ブランドを低価格で販売することよりも自社でコストをコントロールすることができ、さらに、POSシステムで得た情報を軸に、顧客ニーズに適合する商品開発を行うため利益率が高くなる。また顧客から自社のプライベート・ブランドの指名購買が高めれば、消費者のストアロイヤルティが形成される。それに加えて、ナショナル・ブランド商品も仕入れつつ、プライベート・ブランドの商品も開発し、両方の商品とも店頭に並べるため、店頭での品揃えが豊富となり、集客力が高まる。

4．プライベート・ブランド商品の開発を受諾する理由

　製造業が、プライベート・ブランド生産を受諾する理由として、余剰生産設備の発生や販路確保の必要性があげられる[7]。具体的に考えてみよう。製造業は、モノづくりの企業であり、その多くは工場をもっている。一般的に工場の稼働率は高ければ高いほどよいとされるが、需要の変動が伴うケースや季節性商品等は、ある一定の時期に生産を縮小したり、生産を調整すること等がある。そのときに、プライベート・ブランドの生産を受諾することで、工場を有効活用することができ、さらに収入が増加する。

　またプライベート・ブランドについて、生産者は生産に関わる限定的な責任を負うだけで、それ以外の商品企画や販売に関する幅広い責任は、商業者にある[8]。これを受けて、製造業がプライベート・ブランドの生産を受諾した際、製造業は生産に関するある特定の責任をもつだけで、それ以外は流通業が責任をもつ。そのため、製造業は売れ残りなどの在庫リスク等をかかえる責任等がなくプライベート・ブランドの生産を受諾しやすい。また流通業からのプライベート・ブランドの依頼を受けることで、その受諾した流通業から自社製品の販売に関するプラスの効果を得る可能性が高い。

　たとえば、製造業が小売業からプライベート・ブランドの生産を受諾した際、プライベート・ブランドの生産を受諾した小売業からの棚割り等を含む流通に関して競争企業よりも有利な条件の提案や優遇策等がイメージとしてあげられよう。いずれにせよ、プライベート・ブランドの生産を受諾した小売業からの自社製品の販売に関するよい条件を得ることが期待できよう。

　一方、製造業は自社のナショナル・ブランドを生産している。それゆえ、流通業はプライベート・ブランドの製造を受諾する際、自社製品と売上を競う、いわばカニバリゼーションに注意する必要がある。

5．プライベート・ブランドを開発する課題と新たな展開

　プライベート・ブランド商品の開発課題として、プライベート・ブランド商品の開発力、仕入原価の削減および生産相手の選定があげられる[9]。具体的にみていこう。

　プライベート・ブランド商品の開発を行うことは、仕入と販売を焦点に事業を行っている小売業等が、従来から商品開発を主軸として事業展開している製造業と拮抗することになる。つまり、いかにプライベート・ブランド商品が、従来から展開されているナショナル・ブランド商品に対し、商品企画力があるかが売上高の上昇にとても重要となる。具体的には、商品の価格設定や品質、それに関わる仕入原価、製造原価、販売コストや物流コストをどのように行うのかも含めて焦点となろう。

　また流通業がプライベート・ブランド商品を開発する際、小売業等は、基本的に生産設備を所持していないため、生産工場を所持する製造業に商品をつくってもらわなければならない。その際に、プライベート・ブランド商品を生産してもらう製造業の選定が重要となる。具体的には、生産に関わる技術、品質および数量等の生産能力がいかなるものか。さらに生産に関する柔軟性、生産場所および決済方法等も関係するだろう。

　またプライベート・ブランド商品を開発する特徴として、前述し

たように、製造業がプライベート・ブランドの生産を受諾した際、製造業は生産等のある特定の責任のみで、それ以外は流通業が責任をもつ。そのため、売れ残りなどの在庫リスク等は、流通業が責任を負うことになる。一方、製造業は、プライベート・ブランド商品を受諾する際、自社の生産工場を稼働させるため、基本的にある程度多くの生産量を必要とする。そのため、流通業は、製造業へのプライベート・ブランド商品を依頼する際、ある程度以上の数量を発注しなければならない。

　また流通業は、いかにプライベート・ブランド商品の売れ残りをなくすか、在庫リスクを減らすかがプライベート・ブランド商品を開発するためのカギとなる。これを受けて、プライベート・ブランド商品をつくる企業は、大口の取引先をもっている流通業ないし多店舗展開している小売業等となるだろう。

　またプライベート・ブランド商品の開発の新しい流れとして、従来からの低価格プライベート・ブランド商品だけでなく、高品質のプライベート・ブランド商品が開発されるケースである[10]。たとえばセブン-イレブンでみると、セブンプレミアムとセブンプレミアムゴールド等があげられる。これらのことから、製造業と流通業の新製品開発競争がますます拡大していることが理解できよう。

　さらにプライベート・ブランド商品の開発の新しい流れとして、製造業ないし小売業のどちらかの開発主体ではなく、共同製品開発が行われるケースが増加している[11]。これは、お互いの強みと弱みを補う補完関係を構築すること、お互いの強みを合わせて相乗効果を狙うこと、お互いにコスト削減やリスク分散等を行うことを中心とするプラスの効果を狙う一方、製造業と小売業の企業間で共同の製

品開発を実現させるために小売業のリアルタイムな販売データをお互いに情報共有をする必要がある。

　つまり、プライベート・ブランド商品の共同開発は、小売業のリアルタイムな需要情報を基軸に、商品開発、原材料の調達、生産および販売をモノの流れと情報の流れを企業間で管理するサプライチェーンマネジメントの構築が必要不可欠となる。

【注】

1 ）流通経済研究所編著（1985）『流通がわかる辞典』日本実業出版社、224ページ。

2 ）Philip, Kotler. and Gary Armstrong（2015）*Principles of Marketing, -Global Edition-*（16th ed.）, Pearson Education Limited p.278.

3 ）矢作敏行編著（2000）『欧州の小売りイノベーション』白桃書房、168-169ページ。

4 ）大野尚弘（2010）『PB戦略―その構造とダイナミックス―』千倉書房、35ページ。

5 ）和田充夫・日本マーケティング協会編（2005）『マーケティング用語辞典』日経文庫、166ページ。

6 ）宮澤永光監修（2007）『基本流通用語辞典（改訂版）』白桃書房、219ページ。

7 ）大野尚弘（2010）『PB戦略―その構造とダイナミックス―』千倉書房、29ページ。

8 ）久保村隆祐・流通問題研究協会編（1996）『第二次流通革命―21世紀への課題―』日本経済新聞社、80ページ。

9 ）大野尚弘（2010）『PB戦略―その構造とダイナミックス―』千倉書房、136ページ。

10）矢作敏行編著（2014）『デュアル・ブランド戦略―NB and/or PB』有斐閣、110-111ページ。

11) 渡辺達朗・原頼利・遠藤明子・田村晃二（2008）『流通論をつかむ』有斐閣、142-143ページ。

【引用文献】

Bowersox, D.J., Closs. D.J. and Cooper, M.B. (2006), *Supply Chain Logistics Management*, Second Edition, McGraw-Hill.

電通「クロスメディア開発プロジェクト」チーム (2008)『クロスイッチ―電通式クロスメディアコミュニケーションのつくりかた―』ダイヤモンド社。

浜崎章洋 (2015)『改訂版 ロジスティクスの基礎知識』海事プレス社。

一般社団法人日本ショッピングセンター協会SC経営士会 (2013)『SC経営士が語る新ショッピングセンター論』繊研新聞社。

石原武政・池尾恭一・佐藤善信 (1989)『商業学』有斐閣Sシリーズ。

(株) ジェイアール貨物・リサーチセンター (2004)『日本の物流とロジスティクス』成山堂書店。

北島忠男・小林一 (1998)『新訂流通総論』白桃書房。

久保村隆祐・流通問題研究協会編 (1996)『第二次流通革命―21世紀への課題―』、日本経済新聞社。

國領英雄編著 (2001)『現代物流概論』成山堂書店。

木綿良行・三村優美子 (2003)『日本的流通の再生』中央経済社。

Lambert, D.M., Grant, D.B., Stock, J.R. and Ellram. L.M. (2005) *Fundamentals of Logistics Management*, -European Edition- McGraw-Hill.

Lambert, D.M., Cooper, M.C., Page, J.D. (1998) Supply Chain Management: Implementation Issues and Research Opportunities, *The International journal of Logistics Management*, Vol.9, No.2, p.2.

Martin Christopher (2016) *Logistic and Supply Chain Manegement*-fifth Edition-, Financial Times.

三木楯彦 (2001)『効率的物流経営のための12章〔改訂版〕』白桃書房。

宮下國生 (2011)『日本経済のロジスティクス革新力』千倉書房。

宮下正房 (1989)『日本の商業流通』中央経済社。

宮下正房 (2002)『商業入門』中央経済社。

宮澤永光・武井寿編著（2004）『流通新論』八千代出版。

宮澤永光監修（2007）『基本流通用語辞典（改訂版）』白桃書房。

森隆行（2018）『現代物流の基礎〔第3版〕』同文館出版。

中田信哉編著（1997）『入門の入門　物流のしくみ』日本実業出版。

中田信哉（2004）『ロジスティクス入門』日本経済新聞社。

日経MJ編（2019）『流通・サービスの最新常識2019』日経MJトレンド。

National Retailing Federation. Mobile Retail Initiative (2011) *Mobile Retailing Blueprint: A Comprehensive guide for Navigating the Mobile Landscape, Version 2.0.0.*

日本交通学会（2011）『交通経済ハンドブック』白桃書房。

日本ロジスティクスシステム協会監修（2009）『基本ロジスティクス用語辞典（第3版）』白桃書房。

大野尚弘（2010）『PB戦略―その構造とダイナミックス―』千倉書房。

大須賀明（1991）『入門商業と流通』昭和堂。

Philip, Kotler. and Keller, K.L (2006) *Marketing Management* -12th Edition-, Pearson Prentice Hall.

Philip, Kotler. and Gary Armstrong (2015) *Principles of Marketing,* -Global Edition- (16th ed.), Pearson Education Limited.

流通経済研究所編著（1985）『流通がわかる事典』日本実業出版社。

嶋口充輝・竹内弘高・片平秀貴・石井淳蔵（1998）『マーケティング革新の時代④　営業・流通革新』有斐閣。

鈴木安昭（1997）『新・流通と商業〔改訂版〕』有斐閣。

鈴木安昭・田村正紀（1980）『商業論』有斐閣新書。

田村正紀（2001）『流通原理』千倉書房。

田村正紀（2008）『業態の盛衰』千倉書房。

田村正紀（2019）『流通モード進化論』千倉書房。

田島義博・原田英生編著（1997）『ゼミナール流通入門』日本経済新聞社。

津久井英喜（2010）『よくわかるこれからの物流改善』同文館出版。

宇野政雄・市川繁・片山又一郎（1991）『流通業界』教育社新書。

和田充夫・日本マーケティング協会編（2005）『マーケティング用語辞典』日

経文庫。

渡辺達朗・原頼利・遠藤明子・田村晃二（2008）『流通論をつかむ』有斐閣。

矢作敏行編著（2014）『デュアル・ブランド戦略―NB and/or PB』有斐閣。

矢作敏行編著（2000）『欧州の小売りイノベーション』白桃書房。

【資料およびデータ・ソース】

中小企業庁（2016）『商店街実態調査報告書』。

一般社団法人日本フランチャイズチェーン協会（2003、2018）『フランチャイズチェーン統計調査』。

一般社団法人日本自動販売システム機械工業会（2018）『普及台数』。

経済産業省（1974-2018）「商業統計表」。

経済産業省（2014）『平成26年度　電子商取引に関する市場調査』。

経済産業省（2019）『平成30年度　我が国におけるデータ駆動型社会に係る基盤整備（電子商取引に関する市場調査)』。

一般社団法人『日本ショッピングセンター協会』ホームページ（http://www.jcsc.or.jp/sc_data/data/overview）

国土交通省（2018）『自動車輸送統計年報』。

日本物流学会（2008、2012、2018）『2008物流共同化実態調査研究報告書』、『2012物流共同化実態調査研究報告書』、『2018物流共同化実態調査研究報告書』。

総務省（2018）『平成29年　通信利用動向調査』。

総務省（1930〜2015）『国勢調査』。

総務省（1930〜2015）『人口推計』。

『日本経済新聞』2010年1月27日。

『日本経済新聞』2015年9月18日。

『日本経済新聞』2016年1月4日。

『日本経済新聞』2016年10月7日。

『日本経済新聞』2018年12月17日。

『日経MJ』2017年9月8日。

『月刊LOGI-BIZ』2018年9月号。

著者略歴

美藤 信也（みとう しんや）

　大阪産業大学大学院経営・流通学研究科博士後期課程修了。
学校法人ソニー学園　湘北短期大学総合ビジネス学科専任講
師を経て、現在高崎商科大学大学院商学研究科・高崎商科大
学商部経営学科准教授、博士（経営学）

ビジネス基礎
—小売業と物流業を中心に—

| 2020年 4 月20日　第 1 刷 | 定　価＝2800円＋税 |
| 2022年 5 月30日　第 2 刷 | |

著　　者　美　藤　信　也　ⓒ

発 行 人　相　良　景　行

発 行 所　㈲　時　潮　社

174-0063 東京都板橋区前野町 4 - 62 - 15
電　話　(03) 5915 - 9046
FAX　(03) 5970 - 4030
郵便振替　00190 - 7 - 741179　時潮社
URL http://www.jichosha.jp
E-mail kikaku@jichosha.jp

印刷・相良整版印刷　製本・武蔵製本

ISBN978-4-7888-0739-6

時 潮 社 の 本

物流新時代とグローバル化

吉岡秀輝 著

Ａ５判・並製・176頁・定価2800円（税別）

グローバル化著しい現代、その要でもある物流＝海運・空運の変遷を時代の変化のなかに投影し、規制緩和と、９.11以降大きな問題となった物流におけるセキュリティ対策の実際を、米国を例にみる。

イノベーションと流通構造の国際的変化

業態開発戦略、商品開発戦略から情報化戦略への転換

蓼沼智行 著

Ａ５判・並製・280頁・定価2800円（税別）

国際的トレーサビリティ・システムの構築へ──イノベーションと構造変化の一般化を図り、流通のグローバル化と国際的トレーサビリティ・システムの新たな構築に向けた動きが内包する社会経済的影響と世界システムの変容への示唆を解明する。

グローバル企業経営支援システム

時間発展型統合シミュレーションを用いて

張 静 著

Ａ５判・並製・160頁・定価3500円（税別）

従来の勘とコツによる物流管理方式を脱した新方式、グローバル・カンパニー・マネージメント（GCM）システムを提案。本書では、生産〜物流〜販売〜在庫の一元管理により、グローバル企業の経営の最適化をサポートするGCMを全面的に紹介する。